Barbara Schott **Gut drauf sein,
wenn's schiefgeht**

NLP – Das Psycho-Power-Programm

W0084298

Rowohlt

17.–19. Tausend Juli 1996

Originalausgabe
Veröffentlicht im Rowohlt Taschenbuch Verlag GmbH,
Reinbek bei Hamburg, April 1994
Copyright/Konzeptidee © 1994 by Rowohlt Taschenbuch
Verlag GmbH, Reinbek bei Hamburg
Redaktion: Nelly Petermann
Grafiken und Illustrationen: Walter Werner
Umschlaggestaltung: Susanne Heeder
Satz: Sabon PostScript Linotype Library,
QuarkXPress 3.11
Gesamtherstellung Clausen & Bosse, Leck
Printed in Germany
1290-ISBN 3 499 19604 2

Inhalt

So funktioniert das Psycho-Power-Programm

Von unangenehmen und unvorhergesehenen Ereignissen fühlen wir uns oft überrumpelt und überwältigt. Traurige oder schreckliche Erlebnisse, die unsere Pläne durchkreuzen, deprimieren und entmutigen uns. Wir reagieren fassungslos, werden verzweifelt, manchmal aggressiv. Nur die Zeit scheint die Wunden heilen zu können.

Wer fühlt sich nicht manchmal vom Glück verlassen oder gar vom Schicksal verfolgt? Wer hat nicht hin und wieder den Eindruck, alles stünde gegen ihn? Wer ist nicht schon einmal von Ereignissen, die man nicht beeinflussen kann, überrascht worden?

In solchen Situationen, in denen wir uns völlig neu orientieren müssen, neigen viele Menschen dazu, sich als Opfer der äußeren Umstände zu empfinden.

Es ist eine sehr menschliche Reaktion, sich von negativen Ereignissen unterdrücken zu lassen und verfolgt zu fühlen. Doch lösen wir so unsere Probleme kaum, denn leicht werden wir passiv und fallen in ein Loch. Zu diesem eingefahrenen Reaktionsmuster aber gibt es Alternativen, die man entdecken und erlernen kann.

Dafür bietet dieses Buch praktische Hilfestellungen: Wir können uns wie Münchhausen am eigenen Zopf aus dem Sumpf der Ereignisse herausziehen!

Was geht
unbewußt vor,
wenn's schiefgeht?

Wie das funktionieren soll? Lassen Sie sich einmal auf einen ungewohnten Gedanken ein: Wenn das Schicksal zuschlägt, sind wir wohl nur in den seltensten Fällen gut drauf. Gut drauf sind wir, wenn uns das Glück winkt, wir eine Gelegenheit beim Schopf packen oder voll Kraft Entscheidungen treffen. Diese positive und kreative Energie, die wir in guten Momenten verspüren, läßt sich auch in schwierigen Situationen aktivieren.

Auf dieser Grundidee fußt eine psychologische Methode, die Sie in diesem Buch kennenlernen. NLP oder Neuro-Linguistisches Programmieren beschäftigt sich mit Erfolgstechniken, um innere Denk- und Erfahrungsmuster, die uns blockieren, durch besser geeignete zu ersetzen. In Lebenslagen, in denen es schiefläuft, kann man lernen, sich mit Ereignissen schnell auszusöhnen, aktiv das Ruder selbst in die Hand zu nehmen und neue Ufer anzusteuern.

Der Ausgangspunkt von NLP: Wir nehmen die Welt mit unseren Sinnen wahr. Die drei Buchstaben bringen zum Ausdruck, wie wir über unsere Nerven (Neuro) und unsere Sprache (Linguistik) Verhaltensmuster im

Gehirn abspeichern (Programmieren), die wir abrufen können. Entstanden ist NLP in den siebziger Jahren in Amerika durch die Forschungen von dem Mathematiker und Psychologen Bandler und dem Sprachwissenschaftler Grinder. Sie wollten besser verstehen, wie wir in bestimmte Gefühlslagen geraten, wie diese Stimmungen unser Verhalten beeinflussen und wie wir sie wechseln können. Sie beobachteten erfolgreiche Menschen (Manager, Therapeuten, Verkäufer), die in ihrem Umfeld regelmäßig durch besondere Leistungen auffielen, um deren Verhaltenstechniken zu studieren und für andere anwendbar zu machen.

Bandler und Grinder versuchten mit Hilfe von Erfahrungen aus der Welt der Informatik und Computern, die Funktionsweise des menschlichen Gehirns besser zu begreifen. Sie verglichen unser Gehirn mit einem riesigen Computer, dessen Handbuch wir aber nicht richtig entziffern können. Deshalb entwickelten sie NLP als Methode, die wir wie ein Anwender-Handbuch für unser Gehirn benutzen können. Mir verhalf dieses Handbuch zu der Erfahrung, die mein Leben am nachhaltigsten beeinflußt hat: «Benutze zur Abwechslung mal dein Gehirn, ändere deine Stimmung, wenn du es willst, nicht wenn der Zufall es befiehlt.» Und wie geht das praktisch? Weil das komplizierter klingt, als es ist, fangen wir mit einem Beispiel an! Zu Beginn wollen wir uns eine Situation einer Frau, nennen wir sie Silke H., genauer ansehen. Ihr ist etwas schiefgegangen:

«Das darf doch nicht wahr sein! Der Kühlschrank leer, nicht einmal eine Flasche Sprudel ist noch da! Die Pflanzen vertrocknet, abgestandene Luft, Schmutz und volle Aschenbecher, die Betten zerwühlt, die Bettwäsche nicht abgezogen, nasse Handtücher auf dem Fußboden!» Silke H. hat während einer vierwöchigen Amerikareise ihrer Freundin Annegret die Wohnung überlassen, weil Annegrets Apartment gerade renoviert wird. Als sie zurückkommt, findet sie einen Zettel: «Tut mir leid, hab mich Hals über Kopf verliebt und einen Kurzurlaub mit ihm eingelegt. Ich bringe alles wieder in Ordnung. Deine Freundin Annegret.» Der Brief ist drei Tage alt. Kein Wort davon, wann sie zurückkommt und wieder alles in Ordnung bringen will.

Silke ist entsetzt und enttäuscht und kann es nicht fassen. Sie läuft hektisch hin und her, mag diesen Vertrauensbruch nicht begreifen. Ein Gefühl der Ohnmacht überkommt sie. Ärger steigt in ihr auf. Was soll das für eine Freundschaft sein? Sie hört noch die letzten Worte von Annegret: «Deine Blumen wirst du nicht wiedererkennen. Ich habe doch einen grünen Daumen! Du kannst beruhigt in den Urlaub fliegen. Ich passe schön auf und pflege alles bestens.» Pustekuchen! Die Farne lassen traurig ihre Blätter hängen. Silke ist stocksauer: «Wie konnte ich so jemandem trauen? Wie konnte ich mich so in ihr täuschen? Ich brauche ja Tage, bis ich diesen Schweinestall aufgeräumt habe.» Sie schwankt zwischen Wut und Verzweiflung. «Das paßt doch gar nicht zusammen. Annegret ist doch immer so zuverlässig.» Sie wird unsicher: «Aber sie hat auch ihre unberechenbaren Seiten.» Silke schwört sich: Das passiert mir nie wieder! Silke H. kennt sich und weiß, wenn sie hier länger bleibt, wird sie nur wütender. Wo ist das Telefon? Kurzerhand ruft sie ein schönes Hotel in der Nachbarschaft an, reserviert ein Zimmer, ruft ein Taxi, nimmt ihren Koffer und verläßt erst einmal das Schlachtfeld. Im Hotel läßt sie sich ein heißes Bad ein und im Restaurant mit einem Abendessen verwöhnen.

Danach schickt sie an die Adresse ihrer entschwundenen Freundin ein Telegramm: «Freue mich, daß du mir einen Aufenthalt hier ermöglichst. Ruf mich an, wenn meine Wohnung wieder so aussieht, wie wir es abgemacht haben!» Dann kuschelt sie sich voller Wohlbehagen in ihr Bett.

Silke hat ihr Problem kreativ gelöst. Sie hätte statt dessen auch zu Staubsauger und Putzlappen greifen und entnervt den Dreck beseitigen können, den ihr ihre Freundin hinterlassen hat. Ihre Lösung ist mit einem finanziellen Risiko verbunden, worauf sich natürlich nicht jeder einlassen kann. Doch Silke wollte nicht, daß gleich die ganze Erholung futsch ist, und sie wollte sich nach ihrer Rückkehr aus dem Urlaub wohl fühlen – auch auf die Gefahr hin, die Hotelrechnung selbst bezahlen zu müssen.

Wie schafft man das Umdenken? Das Beispiel von Silke H. zeigt, daß unser Gehirn ein Umweltereignis unbewußt auf verschiedenen Ebenen verarbeitet. Die Grafik auf Seite 15 veranschaulicht, daß wir von diesen Vorgängen nur einen geringen Teil bewußt wahrnehmen.

Versuchen wir, an Silkes Beispiel weiter nachzuvollziehen, was genau in dieser Situation auf den verschiedenen Denkebenen abgelaufen ist:

Denkebenen

Die Wohnung ist verwüstet, die Vereinbarung ist nicht eingehalten worden. Dieses Ereignis in ihrer Umwelt erlebt Silke H. mit allen fünf Sinnen. Sie wird immer wütender und enttäuschter, je länger sie sich die Unordnung ansieht.

Umwelt

Was sie unbewußt daraus macht, hängt davon ab, welchen Film sie innerlich aufruft: die Frau, die sich in Ärger und Wut erschöpft, oder die Frau, die gut erholt aus dem Urlaub kommt und eine chaotische Situation souverän regelt. Silke hat sich entschieden und handelt konsequent. Sie wird ihre Freundin an die Abmachung erinnern und so lange auf deren Kosten im Hotel bleiben, bis die Wohnung wieder in Ordnung ist.

Es hätte auch andere Möglichkeiten gegeben, zum Beispiel zu einer anderen Freundin zu ziehen oder sich

Verhalten und Fähigkeiten

13

bei ihren Eltern einzuquartieren. Silke hätte fürs erste ein Zimmer aufräumen können, aber dafür sorgen, daß Annegret den Rest der Wohnung putzt. Uns ist wichtig: In diesem Beispiel gibt es keine Täter oder Opfer, sondern ausschließlich Silke, die in ihrem Leben aktiv die Weichen stellt und nicht zum Opfer wird. Silke besinnt sich nach ihrer ersten Wut und Enttäuschung auf ihre Fähigkeiten: «Ich habe eine Freundin, die Absprachen anders verstanden hat als ich. Also werde ich dafür sorgen, daß die Absprachen erfüllt werden, so wie sie vereinbart waren. Natürlich ziehe ich Konsequenzen, aber ich bleibe positiv dabei. In Zukunft werde ich vielleicht eine Kaution nehmen.»

Silke H. hat kurz überlegt, ob sie sich die Schuld an diesem Vorfall selbst geben muß. Denn sie hat nicht für den Fall vorgesorgt, daß ihre Freundin die Vereinbarung nicht einhält. Vielleicht hat sie auch nicht genau hingesehen, ob Annegret ihre Verpflichtungen überhaupt einhalten konnte. Silke fragt sich, was sie selbst falsch gemacht haben könnte: «Vielleicht war ich schon immer zu nachgiebig und großzügig zu Annegret. Ich hätte deutlich machen müssen, wie wichtig mir eine aufgeräumte Wohnung ist.»

Silke H. stellt ihr eigenes Verhalten und ihre Fähigkeiten in Frage, fühlt sich ausgenutzt und *hilflos*. Sie bleibt aber bei der Überzeugung, daß sie das Chaos meistern wird.

Umweltereignis
Es geht was schief

20 %
Bewußt

Denken und Planen

80 %
Unbewußt

Fähigkeiten und Verhalten
Hilflos

Überzeugungen und Werte
Hoffnungslos

Identität und Rolle
Wertlos

Wir fühlen uns hilflos, wenn wir negative Ereignisse sofort als Verhaltensfehler oder als Resultat mangelnder eigener Fähigkeiten ansehen.

Werte und Überzeugungen

Silke H. fragt sich: «Wie kann jemand eine Wohnung in so einem Zustand hinterlassen? Ist Annegret unsere Freundschaft überhaupt nichts wert, daß sie mein Vertrauen so mißbraucht? Ich glaube, man kann heutzutage niemandem mehr trauen. Die Menschheit ist von Grund auf schlecht.» Der Griff in die Kiste der Glaubens- und Wertevorstellungen hinterläßt tiefere Spuren! Der Wert Freundschaft ist durch dieses Ereignis in Frage gestellt. Wenn wir über unsere Werte und Überzeugungen nachdenken und Ereignisse auf dieser Ebene bewerten, so wirken negative Gedanken sehr viel tiefer.

Wenn wir unbewußt über solche Enttäuschungen nachdenken, dann äußert sich das z. B. in Herzrasen, Atemnot, tiefer Depression oder übersteigerter Wut. Damit einher geht ein Gefühl der *Hoffnungslosigkeit*. So verstärken Verletzungen auf der Glaubens- und Werteebene die Hilflosigkeit auf der Ebene von Verhalten und Fähigkeiten. Silke bewältigt diese Situation durch positive Glaubenssätze wie: «Es wird sich schon eine Lösung finden lassen!»

Identität und Rollen

Auf dieser Ebene geht es um die Rollen, die wir in einschneidenden Situationen unbewußt spielen – als Söhne, Töchter, Partner, Väter, Mütter, Arbeitgeber, Arbeitnehmer usw. Von der Unordnung in ihrer Wohnung bestürzt, bezieht Silke die Situation auf sich

16

selbst: «Wie konnte mir das passieren? Womit habe ich das verdient? Bin ich Annegret so wenig wert, daß sie mir das antut?» Silke sieht sich in ihrer Rolle als Freundin gekränkt. Und diese Kränkung geht tief, weil sie ein Gefühl der *Wertlosigkeit* erzeugt.

In der Regel orientieren wir uns an unseren engen Bezugspersonen und ihren Wertvorstellungen. Manche von uns haben Glück und sind in Familien aufgewachsen, wo man lernt, Dinge, die schiefgehen, dort zu lokalisieren, wo sie hingehören, in die Umwelt. Hat man das nicht so erlernt, neigt man dazu, sich jeden Schuh anzuziehen. Man fühlt sich auf der Ebene der Identität angegriffen. Daraus resultieren Hoffnungslosigkeit (weil uns ein wichtiger Wert nicht erfüllt ist) und Hilflosigkeit (weil wir unsere Fähigkeiten zur Auflösung der belastenden Situation nicht spüren). Silke H. hat zuerst auch Gedanken wie «immer ich! Warum habe ich dies verdient?» Nach kurzer Zeit entscheidet sie sich für «Ich sorge für mich!» Sie findet so ihren neuen Weg.

Der Neandertaler-Effekt

Um besser zu verstehen, was in uns unbewußt vorgeht, wenn etwas schiefgeht, versetzen wir uns nun einfach einmal um einige hunderttausend Jahre in die frühe Menschheitsgeschichte zurück, als wir unsere Existenz noch ziemlich schutzlos gegen wilde Tiere und kriegerische Zeitgenossen verteidigen mußten. In dem Augenblick, in dem sich ein Gefühl der Hilflosigkeit einstellte, versetzte das Gehirn unsere Neandertaler-Vorfahren automatisch in die Lage, sich angemessen zu verhalten, mit Flucht oder Angriff. Der älteste Teil unseres Gehirns, das Stammhirn, hat nur ein Ziel: das physische Überleben zu sichern. Damals gab es nur zwei Alternativen, sich durchzusetzen und das eigene Leben notfalls mit der Keule zu retten oder davonzulaufen, wenn der offene Kampf zu riskant war. Andere Reaktionen waren unangemessen und ausgeschlossen. Sowohl Angriff als auch Flucht nahmen unsere ganze Kraft in Anspruch. Daher senkte das Stammhirn andere Funktionen des Denkens auf ein Minimum und bündelte alle Kraftreserven auf das eine Ziel der Lebenserhaltung.

Dieser «Neandertaler-Effekt» schloß kreatives Den-

Der Neandertaler-Effekt

**Umweltereignis
Es geht was schief**

Aggression

Depression

Negativ

ken aus, denn das war überflüssig. Auch heute reagiert unser Gehirn noch ähnlich. Wenn wir tief davon überzeugt sind, einer Situation *hilflos* ausgesetzt zu sein, geraten wir in negativen Streß, und die ältesten Hirnteile sorgen dafür, daß alle anderen Gehirnfunktionen auf Sparflamme schmoren. Unser Gehirn verliert in einem solchen Moment regelrecht das Gleichgewicht, und wir sind nicht mehr ausgeglichen. Daher können wir keinen klaren Gedanken fassen, wenn wir negativen Streß haben. Entweder tragen wir unsere überschüssigen Kräfte, die durch das Hormon Adrenalin angeregt werden, nach außen und reagieren aggressiv, oder wir tragen diese zusätzlichen Energien nach innen und werden depressiv. Damit ist der Neandertaler-Kreislauf geschlossen.

Wenn's richtig schiefgeht, schwanken wir zwischen Wut und Resignation, sobald wir uns hilflos, hoffnungslos oder wertlos fühlen. Sogar körperlich wird das spürbar, bis hin zu Ohnmachtsanfällen und Ohrensausen.

Was uns gerade dann fehlt, wenn's schiefgeht, sind neue positive Ziele. Und dafür brauchen wir unser Großhirn mit der Fähigkeit, kreativ zu denken. Und das ist gerade unter negativem Streß abgeschaltet. Diese Fähigkeiten aber können wir in uns aktivieren.

Botenstoffe Jeder Gedanke wirkt auf unseren Körper über Botenstoffe, die sogenannten Neurotransmitter. Verändern wir unsere Gedanken, verändern sich die Botenstoffe

20

und unser körperliches Verhalten: Wenn ich wütend bin, balle ich die Fäuste. Gefühle drücken sich auch immer körperlich aus. Unsere Neandertaler-Vorfahren konnten ihren Adrenalinspiegel noch durch Flucht und Angriff abbauen, wir sitzen oft mit unseren Aggressionen und dem entsprechend hohen Adrenalinspiegel fest. Das kann, wie wir wissen, zu ernsten gesundheitlichen Schäden führen, die um so tiefgreifender sind, je weniger wir uns einem Problem gewachsen glauben. Es ist lebenswichtig und der Gesundheit förderlich, Probleme da zu lassen, wo sie hingehören. Statt sich hilflos, hoffnungslos oder wertlos zu fühlen, geht es darum, den negativen Streß schnell abzubauen, um kreativ zu werden!

Testen Sie Ihre innere Balance

Wie merken Sie, ob Sie gut drauf sind? Intuitiv kennt jeder von uns seine Stimmungen, allerdings täuschen wir uns häufig. Oft merken wir erst im nachhinein, wenn der Streß wieder nachgelassen hat, wie angespannt wir waren. Die eigene körperliche Befindlichkeit läßt sich mit Hilfe eines Tests nuancenreich wahrnehmen. Es gilt festzustellen, wann ich noch gut drauf bin und wann ich aus der Balance gerate. Unter Streß fällt eine ganze Großhirnhälfte aus. Wenn beide Gehirnhälften voll mitarbeiten, sind auch beide Körper-

hälften aktiviert. Beim kleinsten Anzeichen von Streß verliert das Großhirn die Balance, und eine Gehirnhälfte dominiert. Dann ist die entsprechende, dieser Gehirnhälfte gegenüberliegende Körperhälfte mehr aktiviert als die andere Körperseite, und wir geraten körperlich aus der Balance. Das können Sie mit zwei einfachen Tests überprüfen. Haben Sie Lust, zuerst den Klatschtest an sich auszuprobieren?

Klatschtest Erinnern Sie sich an eine Situation, in der Sie gut drauf waren. Schließen Sie die Augen.

Rufen Sie sich die Situation innerlich vor Augen und erleben Sie mit allen Sinnen die ausgewogene und lockere Situation nach.

Wann waren Sie in der inneren Verfassung, die Ihnen die Bewältigung einer sonst stressigen Situation leichtmachte?

Wählen Sie nun ein konkretes Erlebnis oder ein Bild aus und achten Sie vielleicht auf Worte, Geräusche, Musik, körperliche Gefühle, Geruch und Geschmack.

Jetzt öffnen Sie Ihre Arme weit zur Seite, so daß Ihre Schultern mit den ausgestreckten Armen eine Linie bilden, die Handflächen zeigen nach vorn.

Wenn Sie die damalige Situation in Ihrem Erinnerungsfilm in allen Nuancen wiedererleben, klatschen Sie beide Hände zusammen.

Na, wie sieht es aus? Sind Ihre Hände *deckungsgleich* aufeinander? Wenn ja, dann waren Sie in dieser Situation im Lot. Ihr Großhirn war im Gleichgewicht, beide Gehirnhälften arbeiteten gleichmäßig. Sie konnten

22

entspannt und zielsicher Ihre Wünsche realisieren, auch wenn die Umwelt dagegen war. Damit haben Sie sich und Ihrer Gesundheit einen Gefallen getan.

Sind Ihre Hände *nicht deckungsgleich*? Dann gehören Sie vielleicht zu den Menschen, die nie mit sich zufrieden sind, die immer sehen, was noch verbessert werden könnte, perfekte Ziele haben und von der Realität enttäuscht sind.

Merken Sie sich jetzt Ihre Handhaltung und wiederholen Sie den Test, doch erinnern Sie sich nun an eine Streßsituation. Nehmen Sie nicht die allerschwierigste Lage, sondern nur eine mittelmäßig nervige Situation. Wieder schauen Sie Ihren inneren Film mit allen Sinnen (Bild, Geräusche, Worte, Gefühl, Geschmack und Geruch) genau an.

Wenn Sie die Situation innerlich so intensiv aufgerufen haben, daß Sie dasselbe Gefühl wie in der Situation selbst wieder erleben, so klatschen Sie Ihre Hände wieder zusammen, ohne sie gezielt zu steuern.

Zwischen der Situation «gut drauf sein» und der nervigen, unbewältigten Situation müßte sich ein deutlicher Unterschied ergeben: Bei Problemgedanken, wie hilflos, hoffnungslos, wertlos passen die Handflächen immer weniger aufeinander. Dieser Klatschtest ist ein gutes Mittel, um die Wirksamkeit der hier vorgestellten Übungen auszutesten. Machen Sie ihn vor allen Übungen, die Sie im folgenden finden, um ein Gespür für Ihre innere Balance zu bekommen.

Dazu gibt es noch ein weiteres einfaches Mittel, den Muskeltest. Wir können den Körper und insbesondere unsere Muskeln selbst befragen, ob uns bestimmte Gedanken kräftigen oder schwächen. Den sogenannten Muskeltest kann man am besten zu zweit ausführen.

Der Test mit Partner geht so: Sie stehen parallel zueinander. (Achten Sie darauf, zuvor genug Wasser getrunken zu haben, sonst ist Ihr Wasserhaushalt außer Balance und verfälscht das Ergebnis.) Strecken Sie einen Arm seitlich zur Waagerechten in Schulterhöhe aus, wobei die Innenflächen nach unten zeigen. Der Arm soll gestreckt sein. Bitte keine Faust bilden!

Die zweite Person, der Helfer, legt eine Hand leicht auf den ausgestreckten Unterarm.

Jetzt denken Sie bitte zuerst an eine Situation, in der Sie gut drauf blieben, und erleben Sie diese in allen Sinnen innerlich nach.

Machen Sie vorher mit Ihrem Helfer ein Zeichen aus, wann Sie sich wieder voll an die Situation erinnern.

Auf Ihr Zeichen hin drückt der Helfer Ihren Arm leicht nach unten und spürt, ob er Widerstand hat.

In der Regel «sperrt» der Muskel, d. h., er ist «stark». Ein sogenannter «starker» Muskel kann das Schultergelenk gegen Druck verschließen, so daß der Arm dem Druck nach unten standhält. Ein «schwacher» Muskel kann das nicht. Ein «starker», gut durchbluteter, hormonell versorgter Muskel kann bei positiven Erinnerungsbildern, die Energie geben, bis zu 40 Pfund auf

24

die Waage bringen, während ein «schwacher» Muskel bei negativen, kräfteverzehrenden Erinnerungsbildern nur ca. 15 Pfund zeigt.

Wenn Ihr Arm dem leichten Druck nach unten widerstehen kann, stimmt die Energiebilanz im ganzen Körper. Alles, was Sie vorher gedacht haben, ist kräftigend und schaltet beide Gehirnhälften ein. Das kommt daher, daß der Muskel das Gelenk nur im energiegeladenen Zustand sperren kann.

Gefühle und innere Bilder

Nun haben wir ja bereits eine Menge darüber erfahren, wie in unserem Gehirn äußere Ereignisse unbewußt verarbeitet werden. Etwas sehr Wichtiges aber haben wir noch ausgelassen. NLP geht davon aus, daß man Gefühle in Bildern beschreiben kann. Wie das zu verstehen ist, zeigen wir Ihnen wieder an einem Beispiel:

Robert und Hildegard S. sind seit 15 Jahren verheiratet und führen eigentlich eine richtige Bilderbuchehe. Mit viel Energie haben sie gemeinsam ihren Kfz-Betrieb aufgebaut, Robert arbeitete wie besessen in der Werkstatt, und Hildegard machte die Buchhaltung, oft bis spät in die Nacht. Ihr Sohn Jens ist 10 Jahre alt, zwei Jahre jünger ihre Tochter Annemarie. Eine richtig glückliche Familie.

Hildegard ist noch wie betäubt. Vor zwei Stunden, während eines ganz normalen Gesprächs, entbrannte plötzlich eine Auseinandersetzung. Robert rutschte wie beiläufig heraus, daß er einmal eine Affäre gehabt hatte: «So ganz treu kann doch kein Mann sein!» Im Bewußtsein der schmerzenden Gewißheit bohrte Hildegard weiter, und schließlich kam heraus, daß er sie

26

schon öfter betrogen hat. Noch im letzten Urlaub hatte er Hildegard ewige Treue geschworen.

Immer noch hört sie alles wie durch Watte, sieht alles wie im Nebel. Seine Erklärungen dringen gar nicht zu ihr durch. Ihr Vertrauen ist zusammengebrochen wie ein Kartenhaus. Aus den Trümmern steigen Bilder auf, wie Robert Zärtlichkeiten mit anderen Frauen tauscht. Sie sind ohne Gesichter, diese Frauen. Hildegard sieht nur Roberts Bewegungen und Gesten. Szenen tauchen vor ihrem inneren Auge auf, in denen er keine Zeit für die Familie hatte. Ihre Verzweiflung wächst, ihr Körper wird starr. Sie hat das Gefühl, als könne sie sich nicht mehr bewegen. Enttäuschung kriecht kalt in ihr hoch. Sie fühlt sich allein gelassen. Im Radio singt Frank Sinatra gerade «Strangers in the night», Hildegards Lieblingslied, aber sie nimmt das gar nicht wahr. Sie spricht halblaut mit sich selbst: «Wie soll es weitergehen? Warum ist es passiert? Wenn wir uns trennen, was wird mit den Kindern?» Die Angst schlägt plötzlich in Wut um: «Bevor der mich verläßt, verlasse ich ihn!» Hildegard schaltet den Fernseher ein, um sich abzulenken, als erstes kommt ein Aids-Aufklärungsspot: «Auch das noch. Ich muß einen Test machen. Kann ich seinen Beschwörungen glauben, daß es nie wieder vorkommt? Was soll ich nur machen?» Alles dreht sich in ihr, der Brustkorb scheint immer enger zu werden. «Wovon soll ich nach einer Trennung leben? Ansprüche habe ich bestimmt, aber ob ich die auch durchsetzen kann?

Die Kinder, was wird mit den Kindern, werden sie eine Scheidung verkraften? Welchen Anwalt soll ich nehmen, wir haben doch nur einen gemeinsamen.»
Bei dieser Frage stockt Hildegard. Alles ist irgendwie mit Robert verknüpft, aber nichts ist mehr so wie früher. «Alles ist grau in grau, ich sehe nicht, wie es weitergeht! Nie wird es wieder so, wie es früher war.»
Dies sind ganz typische Äußerungen, wenn es schiefgegangen ist und man vollkommen am Boden zerstört ist.

Hildegard zieht ihre beste Freundin ins Vertrauen, die ihr gut zuredet: «Was ist denn schon passiert? Schau doch nach vorn!» Hildegard fühlt sich unverstanden: «In mir ist eine Welt zusammengebrochen, alles, woran ich glaubte, ist nicht mehr wahr!»

Hildegard drückt so ihre Gefühle von Hilflosigkeit und Hoffnungslosigkeit aus. In solchen Situationen benutzen und denken wir in Formeln, die wie automatisch von ganz tief innen kommen: «alles ist grau in grau» und «in mir ist eine Welt zusammengebrochen». Es sind Glaubenssätze, die wir unbewußt verinnerlicht haben und von deren Richtigkeit wir felsenfest überzeugt sind. Leider bemerken wir in den schwierigen Momenten nicht mehr, wie wir uns mit solchen Gedanken schwächen, weil wir dann Opfergefühle wie Hilflosigkeit, Hoffnungslosigkeit und Wertlosigkeit entwickeln und unsere sonstigen Fähigkeiten vergessen. Wir sollten uns einmal beim Wort nehmen, denn mit diesen Formeln beschreiben wir das, was wir unbewußt als Bilder oder Filme sehen. Und diese unbewußten inneren Bilder steuern unsere Gefühle.

Zwischen Hildegard und ihrer Freundin, bei der sie Trost und Verständnis sucht, passiert etwas Interessantes. Hildegard schildert ihre Lage auf der sehr tiefgehenden Ebene ihrer innersten Werte und Überzeugungen (alles zusammengebrochen, das ganze Vertrauen verloren, keine Zukunft haben). Doch ihre Freundin, die ihr Mut machen will, nähert sich dem Problem anders. Sie knüpft daran an, daß Robert sich keinesfalls von Hildegard scheiden lassen will. Sie orientiert sich an der Umweltebene und geht nicht auf Hildegards Identitätskrise ein. «Jeder hat doch ein Recht, sich und seine Grenzen auszuprobieren. Überleg doch mal, wie viele Ehen um dich herum geschieden werden. Denk lieber an deine langen glücklichen 15 Jahre mit Robert.» Hildegard hilft das nicht, im Gegenteil. Sie fühlt sich mißverstanden, weil die Freundin ganz andere Bilder aufruft als die, die sie selbst beherrschen. Sie wird wütend, empfindet ihre Freundin als oberflächlich.

Lassen Sie sich einmal auf die Idee von Hildegards Freundin ein. Denn in ihrem Hinweis auf die schöne Zeit, die Hildegard und Robert miteinander verbracht haben, liegt ein Ausweg, der die emotionale Lähmung auflöst.

Bildbeschreibung

Damit Sie auf den Geschmack kommen, schlagen wir Ihnen jetzt an Hildegards Beispiel einen Lösungsweg vor.

Hildegard geht zurück in die Vergangenheit und erinnert sich an die erste Begegnung mit Robert. Diesen Moment wird sie nie vergessen. Sie sieht das Bild regelrecht vor sich, mit allen Einzelheiten. Wenn sie an die erste Verliebtheit denkt, hat sie ein bestimmtes, postives Bild vor Augen.

Stellt sich Hildegard die Szene vor, als sie von den Seitensprüngen ihres Mannes erfuhr, sieht das innere Bild ganz anders aus. Wie verschieden die Bilder ausfallen, beschreiben wir auf der gegenüberliegenden Seite genau.

NLP geht davon aus, daß wir Gefühle beschreiben können anhand der Kriterien: Bildgröße, Bildhelligkeit/Farbigkeit, Konturen, Entfernung vom Körper und Positionierung. Verändern wir diese Kriterien, lassen sich auch unsere Gefühle verändern.

Größe	ziemlich groß, so ca. $\frac{1}{2}$ Meter im Quadrat
Entfernung	ca. 3–4 Meter von der Körpermitte
Farbe	helle Farben, Grün, Sonnenschein, helles Rot
Position	in Augenhöhe und etwas nach rechts verlagert

Größe	ca. 1 Meter im Quadrat
Entfernung	sehr nahe, ca. 1 Meter
Farbe	Schwarz, Grau, das Bild steht nicht still, sondern die Formen und Farben verändern sich, konturlos, unklar, verschwommen.
Position	rechts von der Körpermitte

Bilder beschreiben

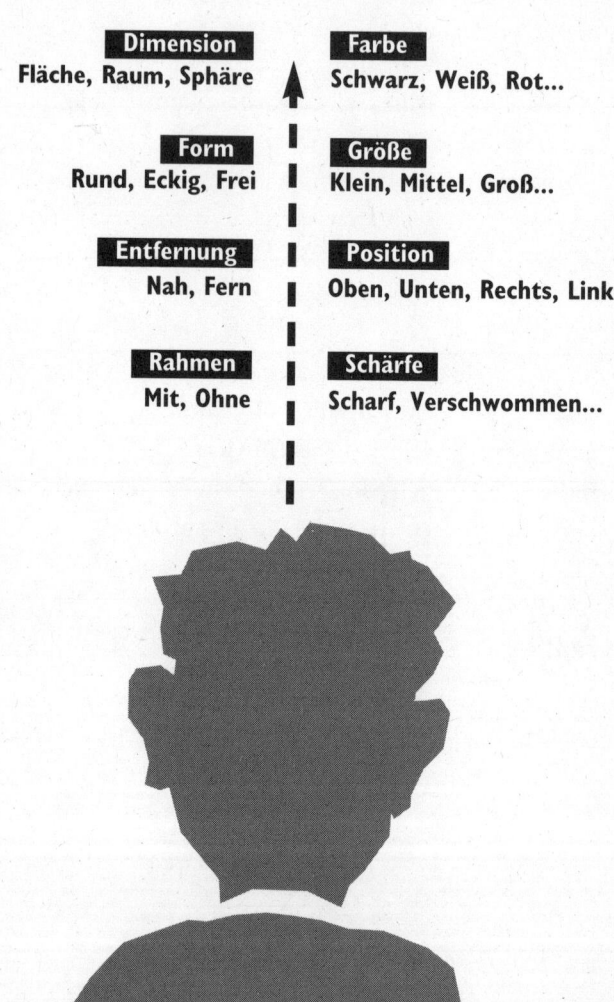

Dimension
Fläche, Raum, Sphäre

Farbe
Schwarz, Weiß, Rot...

Form
Rund, Eckig, Frei

Größe
Klein, Mittel, Groß...

Entfernung
Nah, Fern

Position
Oben, Unten, Rechts, Links...

Rahmen
Mit, Ohne

Schärfe
Scharf, Verschwommen...

zum Beispiel:

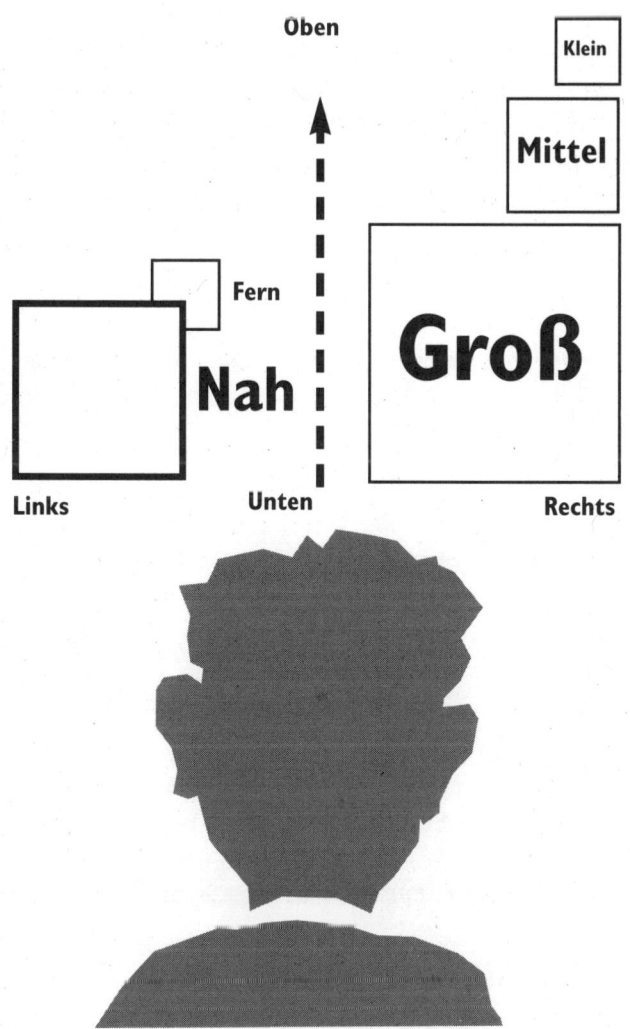

Die beiden Bilder, die Hildegard sieht, zeigen den Unterschied zwischen «gut drauf» und «im tiefen Tal der Hoffnungslosigkeit». Um sich darüber klarzuwerden, wie Bilder die Gefühle beeinflussen, kann jeder von uns seine inneren Bilder willkürlich verändern. Man kann dadurch feststellen, wie sich Gefühle ändern. Nicht alle Veränderungen des Bildes wirken gleich. Die Bildgröße bedeutete für Hildegard die effektivste Veränderung ihres Empfindens. Als sie ihr negatives Bild sehr verkleinerte, schwächte sich ihr Gefühl der Hoffnungslosigkeit stark ab. Vielleicht wollen Sie selbst ausprobieren, welche Bildqualität Ihre Gefühle am stärksten verändert? Dann machen Sie folgenden Versuch:

Stellen Sie sich etwas vor, was Sie außerordentlich gern tun, wo Sie sich selbst sehr motiviert empfinden, so richtig gut drauf sind. Welches Bild auch immer Sie wählen, es muß mühelos und selbstverständlich für Sie sein.

Dann wählen Sie etwas, bei dem Sie bisher demotiviert waren, Sie einfach nicht zum Ziel kamen und nicht gut drauf waren.

Verändern Sie jetzt zuerst die Bildgröße des demotivierenden Bildes. Machen Sie das Bild größer und spüren Sie, wie sich Ihr Gefühl verändert. Machen Sie das Bild sehr viel kleiner und spüren Sie dann, wie Ihr Gefühl sich verändert. Dasselbe tun Sie mit allen anderen Bilddetails (Farbe, Kontraste, Film/Standbild, Rahmen oder Panorama). Welches ist die Bilddimension, die Ihre Gefühle am stärksten verändert? Ist es die Entfernungsveränderung, die Bildgrößenveränderung, die Farbveränderung, die Konturenveränderung? Wenn Sie das herausgefunden haben, dann wissen Sie auch, wie Sie mit Ihrem Gehirn in Situationen, wenn's schiefgeht, gut drauf sein können. Entscheidender Vorgriff auf die Methode: Nutzen Sie die für Sie wirksamste Bildeigenschaft und verändern Sie das Problembild so lange, bis Sie neutrale Gefühle entwickeln! Erst danach ist Ihr Gehirn streßfrei und Ihre Kreativität wieder eingeschaltet.

Wenn einem elend zumute ist, fällt es erst nicht leicht, sich auf so ein Experiment einzulassen. «Das soll was bringen, wo ich doch so fertig bin!» Das kommt mit zunehmender Übung. Haben Sie Geduld mit sich! Ein Tip: Es tut gut, tief durchzuatmen, wenn man sich auf die inneren Erlebnisse konzentriert.

Sehen wir uns an, zu welchen Ergebnissen Hildegard bei dieser Übung gekommen ist: Erst ist «alles irgendwie ganz schwarz und diffus, Bildfetzen ziehen vorbei von früher. Dazwischen sehe ich wieder Roberts abweisendes Gesicht. Es geht alles rasend schnell.» Dann hellten sich die Bilder langsam auf.

«Das ist verrückt. Ich sehe ganz viele Szenen, wo ich immer schon vermutet habe, daß Robert in unserer Ehe nicht zufrieden ist. Ich sehe mich, wie ich oft wegducke, statt Probleme anzupacken.» Plötzlich sieht Hildegard auch ihre eigene Rolle und Verantwortung für die Situation. Viele Kleinigkeiten, die die Entfremdung deutlich machen, fallen ihr ein. Wie oft sie keine Lust hatte, mit ihm auszugehen. Oder die dauernde Müdigkeit… Hildegard entspannt sich etwas, wirkt nicht mehr so verkrampft. Sie empfindet, daß in dem Schmerz, den er ihr zufügte, auch ein Vertrauensbeweis liegt. «Er traut mir zu, daß unsere Ehe derartige Bekenntnisse aushält!»

Unbewußte
Glaubenssätze
blockieren
unsere Chancen

Unbewußt haben wir von frühen Bezugspersonen Denk- und Verhaltensmuster übernommen, von denen wir uns lösen möchten, weil wir uns so immer wieder selbst im Weg stehen. Wenn jemand z. B. aus einer risikoscheuen Umgebung kommt, wird sein eigenes Lernverhalten vielleicht nicht von Entdeckungsfreude gekennzeichnet sein. Dagegen geht ein Kind, das in einer risikofreudigen und offenen Atmosphäre heranwächst, gewiß wagemutiger an die Dinge heran. Solche Beispiele gibt es in allen Lebensbereichen – einschränkende und schwächende Muster tauchen überall auf, ob in der Liebe, im Beruf usw. Das Kind aus der risikoscheuen Umgebung hat noch als Erwachsener innere Glaubenssätze im Ohr wie «Das kann ich sowieso nicht» oder «Das kann ja gar nicht klappen». Diese Glaubenssätze, die wir unbewußt übernommen haben, schwächen uns mehr, als uns bewußt ist. Vor allem haben wir das Gefühl, daran nichts ändern zu können. Oft und gerade dann, wenn's schiefgeht, sind wir fixiert auf unsere Opferrolle. Unsere Phantasie setzt einfach aus, und wir können uns nicht vorstellen, daß das Leben anders sein kann. Deshalb wollen wir

hier einfach einmal stärkende Glaubenssätze formulieren, die eine Flexibilität ausdrücken, mit der sich
ungewohnte Situationen zielorientiert lösen lassen:

- Jede/r hat alles in sich, was er/sie braucht.

- Jede/r tut das Beste, was er/sie kann.

- Jedes Verhalten hat eine positive Absicht.

- Ein negatives Verhalten wird erst aufgegeben,
  wenn etwas Besseres gefunden ist.

- Alles, was uns passiert, hat einen Sinn und gibt uns
  Feedback.

- Es gibt keine Fehler, nur Ergebnisse.

- Wir sind selbst verantwortlich für das, was uns
  passiert.

- Jede Schwäche ist eine überzogene Stärke.

- Es gibt in jeder Situation mindestens drei Möglichkeiten. Wenn man nur eine Möglichkeit in einer
  Situation hat, bleibt man stecken und hat ein Problem.

- Herausforderung macht Spaß.

- Ärger ist der Hinweis auf eine Grenze der eigenen
  Fähigkeiten und bietet Lernchancen.

Unbewußt übernommene Glaubenssätze sind oftmals Denkblockaden. Sie können eine negative und streß-auslösende Wirkung auf uns haben. Oft hören wir innerlich noch die Stimmen unserer Eltern und Lehrer, die die entsprechenden Sätze sagen.

Welche Sätze hören Sie, wenn Sie nicht gut drauf sind? Versuchen Sie, für sich festzustellen, welche Sätze in Ihnen hochkommen, wenn etwas schiefgeht. Unser Stammhirn sorgt dafür, daß wir an diesen Sätzen fest-hängen. Wir hören sie immer wieder und kreisen in-nerlich um sie. Es entsteht eine automatische Verket-tung. Es passiert etwas oder geht schief, und wir den-ken ärgerlich und wütend: Was soll ich nur tun? Ich bin ohnmächtig dagegen, kann nichts ändern. Ich bin das Opfer.

Wir können diese automatische Verkettung auflösen. Den ersten Schritt haben Sie bereits getan, als Sie sich klarmachten, welche negativen Glaubenssätze Sie per-sönlich mit sich herumtragen. Nun gehen wir noch ei-nen Schritt weiter und wenden unser Wissen um die Entstehung der Probleme auf ihre Lösung an: Alle ne-gativen Glaubenssätze beziehen sich auf eine be-stimmte Denkebene. Vergegenwärtigen Sie sich, daß die Gefühle der Hilflosigkeit, der Hoffnungslosigkeit, der Wertlosigkeit auf verschiedene Denkebenen ver-weisen (siehe S. 10, das Beispiel von Sabine H.). Es ist wichtig zu wissen, daß sich ein Problem nicht auf der Denkebene lösen läßt, auf der es entstanden ist.

Wir fühlen uns hilflos, wenn unser Verhalten und unsere Fähigkeiten nicht ausreichen, um die Situation zu meistern. Die Lösung liegt in der Glaubensveränderung: Mit welchem positiven Glaubenssatz können Sie sich selbst helfen?

Wir fühlen uns hoffnungslos, wenn unsere Überzeugungen und Werte zu begrenzt sind, um die Situation zu bewältigen. Die Lösung liegt in der Identitätsfindung. In welcher Rolle haben sie wieder Hoffnung, das Problem zu lösen?

Wir fühlen uns wertlos, wenn unser Rollenverständnis zu beschränkt ist, um das Problem zu lösen. Die Lösung liegt in der Wahl einer Lebensaufgabe, genannt Mission: Welche Aufgabe können Sie in dem Problem erkennen, dessen Lösung Ihren Selbstwert stärkt?

Anleitung zur Selbstbeobachtung

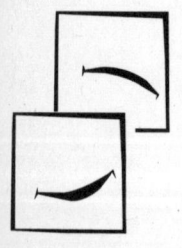

Das Wissen um die Entstehung der Probleme können Sie zu deren Lösung benutzen. Spielen wir das einmal an einem Beispiel durch:

Der Lehrer Bruno S. ärgert sich furchtbar über einen neuen Schüler. Klaus ist unter den Kollegen als auffälliger Schüler verschrien, hampelt auch heute auf dem Stuhl herum und ruft dauernd ungefragt dazwischen. Als Bruno S. die Klasse auffordert, Bücher und Hefte herauszunehmen, rührt Klaus sich nicht und stört statt dessen seinen Nachbarn. Bruno S. wiederholt die

Aufforderung und blickt mehrfach in die Richtung von Klaus B. Nichts! Plötzlich brüllt Bruno S.: «Bitte Ruhe, das gilt auch für dich, Klaus! Du wirst mich noch kennenlernen!» In der Stunde passiert nichts weiter Auffälliges, aber Bruno S. ist irritiert. Ein derartiger Zwischenfall war ihm in seiner achtjährigen Laufbahn noch nicht unterlaufen. Wie ist es dazu gekommen, daß er so schnell so wütend wurde und seinem Ärger so deutlich Luft machte?

Gehen wir die Situation einmal genau durch: Bei dem ersten Zwischenruf registriert Bruno S. genau, von wem er kommt. Innerlich hört er dann die warnende Stimme seiner Kollegen: «Ach, du hast ja den Klaus B., na, dann wirst du dein blaues Wunder erleben!»

Bruno S. fühlt sich gebremst, weiß nicht, was er machen soll, ob er noch freundlich sein oder ob er ein Exempel statuieren soll, und fängt an, innerlich destruktiv über Klaus B. zu reden, weil er sich *hilflos* fühlt: «Also bei mir auch. Na, du wirst mich kennenlernen!»

Dieser innere Dialog macht ihn ärgerlicher. Der Ärger wird zur Wut, das Blut weicht zurück. Er merkt, wie Kiefer und Lippen angespannt werden und sich seine Hände verkrampfen.

Bei jedem weiteren Zwischenruf fühlt sich Bruno S. mehr beeinträchtigt und denkt: «Das hört ja nie auf. Wenn ich jetzt nicht dazwischengehe, dann läuft das ganze Schuljahr so!» Die Situation erscheint ihm *hoffnungslos*.

Sein Ärger steigert sich weiter: «Auch bei mir, daß mir das passieren muß! Bisher kam ich doch immer so gut zurecht!» Sein Selbstwertgefühl sinkt, er fängt an, sich als Lehrer *wertlos* zu fühlen.

Bevor wir uns ansehen, was in dem Beispiel von Bruno S. auf den verschiedenen Denkebenen des Gehirns vor sich gegangen ist, zeigt die folgende Grafik, wie Sie Ihr eigenes Verhalten beobachten können.

Denkebenen

Umwelt	*Was, wann, wo, mit wem?*
	Der Schüler Klaus stört den Unterricht, reagiert nicht auf Aufforderungen und Bitten.

Verhalten und Fähigkeiten	*Wie reagiere ich?* → *Wie will ich reagieren?*
	Bruno S. stellt fest: Hingucken genügt nicht. Ansprechen und Nachfrage bringt auch keine Ergebnisse. Was soll ich denn jetzt machen, was wird wohl helfen? Bruno S. fühlt sich hilflos.

Überzeugungen und Werte	*Warum reagiere ich so?* → *Warum will ich anders reagieren?*
	Bruno S. denkt: «Der will mich kleinkriegen. Er will mich provozieren und wütend machen wie die ande-

42

Was passiert auf welcher Denkebene, wenn etwas schiefgeht?

Umwelt
Was, Wo, Wann,
mit Wem...

	Streß	Gut drauf
Fähigkeiten und Verhalten	Wie reagiere ich?	Wie will ich reagieren?
Überzeugungen und Werte	Warum reagiere ich so?	Warum will ich anders reagieren?
Identität und Rolle	Wer bin ich, wenn ich so reagiere?	Wer bin ich wirklich?

ren! Ich glaube, Freundlichkeit ist hier vergebens.»
Hoffnung auf Besserung scheint es nicht zu geben.

Identität und Rolle

Wer bin ich, wenn ich so reagiere? → Wer will ich wirklich sein?

Bruno S. denkt: «Bisher konnte ich doch gut mit schwierigen Schülern umgehen, und jetzt fällt mir nichts mehr ein. Wo mir doch eine ungestörte Lernatmosphäre so wertvoll ist.»

Bei näherer Betrachtung fällt auf, daß Bruno S. wie ein Zuchtmeister handelt. Doch das entspricht tief in seinem Inneren nicht seiner Identitäts- und Rollenvorstellung. Er sieht vielmehr seine Aufgabe als Lehrer, der eine kreative und fröhliche Lernatmosphäre schafft und jedem Schüler gleiche Chancen einräumt. Der Konflikt entstand auf der Ebene der Überzeugung: Hier hilft keine Freundlichkeit, nur noch Durchgreifen, denkt er.

Bruno S. hat sich einen Augenblick auf der Überzeugungsebene in seiner Rollenvorstellung irritieren lassen, an der er aber festhalten möchte, auch wenn ein Schüler versucht, ihn aus der Reserve zu locken. Auch die ungestörte Arbeitsatmosphäre ist ein Wert, an dem er weiter festhalten will. Es gilt nun herauszufinden, welche Alternativen zum Bestrafen und Anbrüllen auf der Verhaltensebene existieren.

Aufgrund dieser Beobachtung läßt sich für Bruno S. ein neuer Glaubenssatz formulieren: «Strafen und

Anbrüllen mögen für manche Lehrer richtig sein. Ich aber entscheide mich dafür, meine Ziele mit meiner ganzen Persönlichkeit zu erreichen. Dazu gehört, auf derartige Situationen flexibel einzugehen.»

Bruno S. hat seine Rollen- und Identitätsvorstellung aktiviert und kann nun über die begrenzte Situation hinaus weiterdenken. Ihm fällt auf: «Es stimmt schon, von solchen extremeren Situationen bin ich bisher verschont geblieben. Ich versuche in Zukunft, meine Fähigkeiten auch in brenzligen Lagen nach besten Möglichkeiten, d. h. nach meinem Rollenverständnis, einzusetzen.» Er denkt plötzlich daran, sich mit Kollegen darüber auszutauschen, wie man mit schwierigen Schülern respektvoll umgehen kann, ohne die eigenen Ziele (eine ungestörte Lernatmosphäre) aus den Augen zu verlieren.

Jetzt begreift Bruno S. die Umwelt nicht mehr als feindlich, sondern erlebt sie als Herausforderung. Er empfindet sich durch das Ereignis nicht tief in seinem Rollenverständnis erschüttert, sondern motiviert, neue Verhaltensmöglichkeiten auszuprobieren.

Die Denkebenen stehen nicht gleichberechtigt nebeneinander, sondern in einer Rangordnung. Das können wir ausnutzen: Wenn wir Veränderungen erreichen wollen, müssen wir stets auf der höheren Ebene ansetzen. Will man etwa auf der Verhaltensebene alternative Verhaltensweisen entwickeln, blockiert man sich selbst und wird sich hilflos fühlen. Denn dann verhindert der Streß, daß sich das Großhirn einschaltet. Wir finden keinen Ausweg. Setzen wir aber eine Ebene höher an, bei den Überzeugungen und Werten, können wir uns durch diesen Schritt motivieren, unsere Fähigkeiten zu nutzen.

Witz und Humor Wenn Probleme auf der Identitätsebene auftauchen und Sie sich in der Rolle des Rächers, des Verfolgers oder des Opfers entdecken, werden Sie sich fragen, ob Sie diese Rolle wirklich spielen wollen, ob das Ihre Lebensaufgabe, Ihre Mission auf dieser Welt ist. Vielleicht können Sie bei dieser inneren Frage gar über sich selbst lachen oder schmunzeln. Wenn es Ihnen gelingt, mit Witz und Humor zu reagieren, ist das ein Zeichen, daß sich die Kreativität wieder eingeschaltet hat.

Versuchen Sie nun selbst einmal, Situationen aus Ihrer eigenen Vergangenheit zu analysieren, in denen etwas für Sie schiefgelaufen ist. Vorher aber stellen Sie sich zum Spaß einmal vor, es gäbe keine Probleme auf dieser Welt und auch in Ihrem Leben wäre alles glatt und reibungslos verlaufen. Wunderschön! Doch nur im ersten Moment, denn mal ehrlich: Wie lange würden Sie das aushalten? Im Grunde wäre das furchtbar langweilig, denn dann würde sich nichts mehr ändern. Wahrscheinlich ist das Leben deshalb so spannend, weil wir durch Grenzen und Hindernisse erst lernen, uns weiterzuentwickeln. Machen Sie diesen Gedanken zu Ihrem Motto, entdecken Sie Ihre Lernchancen im Leben.

Wenn Sie sich und Ihre Reaktionen in bestimmten Situationen analysieren, achten Sie darauf, auf welchen Denkebenen etwas für Sie passiert ist. An einem kleinen Beispiel aus dem Berufsleben will ich noch einmal verdeutlichen, wie so aus einer Opferrolle eine Lernchance werden kann.

Der Sachbearbeiter B. hat ein immer wiederkehrendes Problem. Sehr häufig legt ihm sein Chef einen Packen Akten auf den Schreibtisch, wenn er gerade Feierabend machen und nach Hause gehen will. «Das muß dringend erledigt werden.»

Stets hat sich Herr B. mit der Klage «immer ich» über die Akten gebeugt und die Arbeit wütend und ohnmächtig vor Zorn erledigt. Oft unterliefen ihm dabei Fehler, was ihn noch mehr ärgerte und auch seinem Chef nicht verborgen blieb. Trotzdem wiederholten sich solche Vorfälle immer wieder nach dem gleichen Muster.

Die Formel «immer ich» deutet darauf hin, daß sich Herr B. auf der Identitätsebene angegriffen fühlt. Er empfindet sich durch die Forderung des Chefs gleich in seiner «Berufsehre» gekränkt. Denn es gehört zu seinem Rollenverständnis als Sachbearbeiter, alles gleich zu tun und nichts liegenzulassen. Doch daß er diese Vorfälle aus dieser Perspektive sieht, ist eine Entscheidung, die Herr B. unbewußt trifft.

Der Chef von Herrn B. setzt ein Signal und möchte sein Ziel (Erledigung des Vorgangs) erreichen. Das ist sein Recht. Deshalb delegiert er den Auftrag an seinen

Angestellten. Die Bewertung, die zu dem «immer ich»-Gefühl führt, hat Herr B. von seinen Bezugspersonen in früher Jugend gelernt.

Herr B. kann seine Rolle auch anders bestimmen, als kooperativer Sachbearbeiter, der genau seine Ziele kennt und sich auch partnerorientiert durchsetzen kann. Grundsätzlich ist Herr B. nämlich davon überzeugt, daß er in diesem Betrieb mit diesem Chef trotz seiner Führungsschwächen gut aufgehoben ist. Er schätzt seine Arbeit und arbeitet mit seinen Kollegen gut zusammen.

In der gleichen Situation kann Herr B. sich auch so verhalten: Er fragt seinen Chef: «Was genau muß bis wann erledigt werden?» Mit dieser präzisen Verhaltensweise hat er das Problem dorthin zurückbefördert, wo es hingehört, in die Umwelt. Im Ergebnis dieser Nachfrage stellt sich nämlich heraus, daß die wirklich sofort zu erledigende Arbeit nur eine Viertelstunde in Anspruch nimmt. Alles andere in dem Aktenstapel läßt sich auf den nächsten Tag verschieben. Und es macht Herrn B. viel weniger Probleme, 15 Minuten länger zu arbeiten. Der erste Schritt zur gerechteren Arbeitsverteilung ist getan.

Übungen für
die Psycho-Power

Soforthilfe

Wie wir bereits erfahren haben, lassen sich schwierige Situationen wesentlich entspannter aushalten, wenn es gelingt, das Großhirn zu aktivieren – denn dann können wir kreativ denken. Das kann man mit einer sofort anwendbaren Übung lernen.

Das Stirn-Hinterkopf-Halten

Legen Sie eine Hand auf die Stirn und die andere über die Mitte des Hinterkopfes (den primär visuellen Bereich).

Atmen Sie tief. Halten Sie weiterhin Stirn und Hinterkopf und atmen Sie, während Sie im Geist ein streßbesetztes Thema anschauen. Stellen Sie es sich wie einen Film auf einer Leinwand vor. Erinnern Sie sich an das, was Sie hörten und sagten, rochen, schmeckten und fühlten. Halten Sie Stirn und Hinterhaupt, atmen Sie tief durch und schauen Sie sich das Ereignis an, so, wie Sie es gerade im Augenblick erleben. Lassen Sie es wie einen Film ablaufen, bis die Gedanken zur Ruhe kommen. Langsam können Sie mehr Licht in Ihr Erlebnis bringen, und Sie merken, wie Sie Ihre Gefühle loslassen und sich Ihr innerer Dialog beruhigt und Sie plötzlich Lust haben, über die Problemlösung nachzudenken, weil Sie neue Alternativen, vielleicht zuerst bruchstückartig, erleben.

Während Sie weiter in dieser Haltung bleiben, experimentieren Sie mit unterschiedlichen Körperpositionen. Aufrecht sitzen ohne Rückenlehne, das Kinn leicht gestreckt, entspannt, den Kopf leicht nach hinten geneigt, oder suchen Sie sich selbst eine andere Körperhaltung aus, in der Sie sich noch wohler fühlen. Beenden Sie die Übung, wenn Sie meinen, genügend Informationen erhalten zu haben. Wiederholen Sie sie, wenn Sie neue Ideen brauchen. Häufig werden die Augen feucht, und der Körper reckt sich, vor allem im Nackenbereich. Sie können besser durchatmen. Der Sauerstoff löst vergangene Blockaden und erlaubt neue Erlebnisse und Denkweisen.

Nach einiger Zeit werden Sie merken, daß beide Stirnhöcker den gleichen Rhythmus haben, Sie sich wohler fühlen, vielleicht auch Lust haben, zentriert zu sitzen, und tief durchatmen.

Das Stirn-Hinterkopf-Halten

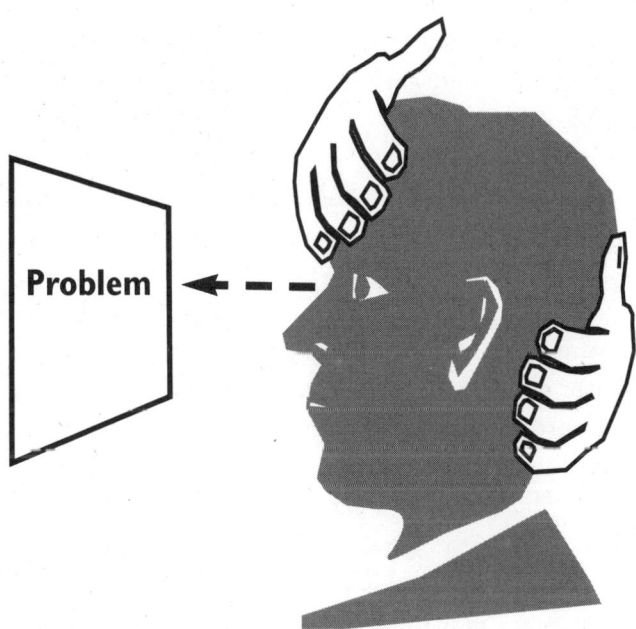

Wenn Sie Stirn (Großhirn) und Hinterhaupt (Stammhirn) halten, löst sich die Streßblockade.

- Situation innerlich als Bild aufrufen

- Problem einrahmen

- Zielbild daraus machen

Überprüfen Sie, ob Sie in Ihre inneren Bilder oder Filme noch mehr Licht hineinbringen können, um noch weitere Informationen, die Ihrer bewußten Wahrnehmung in der belastenden Situation entgangen sind, aus dem unbewußten Teil Ihres Gedächtnisses aufzurufen. Wie denken Sie jetzt über die Situation?

Ist es Ihnen schon möglich, auch das Witzige oder Skurrile an dieser Situation zu erleben und den Groll loszulassen?

Wählen Sie ein Bild Ihres Films, das besonders deutlich die witzigen, skurrilen, ironischen Momente wiedergibt, und rahmen Sie dieses Bild. Suchen Sie dafür sehr gezielt einen passenden Rahmen aus. Wenn wir unsere inneren Bilder rahmen, können wir ihre Wirkung auf unsere Gefühle eindämmen.

Die Übung ist erfolgreich, wenn Sie Lust haben, sich mit der Bewältigung der Situation gelassen, ohne Groll, beinahe mit Spaß zu beschäftigen und neue Lösungen zu suchen.

Ein Tip: Diese Übung ist eine wunderbare Ruhepause im Alltag, die man gut zu zweit machen kann. Gönnen Sie doch auch mal Ihrem Kind oder Partner diese Entspannung und halten Sie ihm oder ihr Stirn und Hinterkopf. Sie verwöhnen sich damit gegenseitig!

Was geht dabei vor? Redewendungen wie «ich war wie vor den Kopf geschlagen», «engstirnig sein», «jemandem die Stirn zeigen» weisen darauf hin, daß wir unbewußt schon immer um die wichtige Rolle der Stirn beim Lösen von Problemen wußten. Das ist auch an unserer intuitiven Gesten- und Gebärdensprache ablesbar: Die heilende Hand wird auf die Stirn gelegt. Mütter streicheln und halten ihren Kindern die Stirn, wenn sie sich etwas getan haben. Durch die Berührung wird die Blutversorgung in die Stirnlappen des Gehirns gezogen – und eben das können wir als Schritt zur Aktivierung unserer Kreativität nutzen.

Mit der Berührung der Stirn ist die Zone für bewußtes assoziatives Denken aktiviert. Wir nehmen mehr wahr und können uns neue Möglichkeiten ausdenken. Zusätzlich haben wir am Hinterkopf die Zone aktiviert, die visuelle Eindrücke ohne emotionale Besetzungen im Gehirn speichert.

Wenn wir durch Handauflegen Stirn und Hinterhaupt festhalten, erinnert sich unser Gehirn an seine Fähigkeit, kreativ zu sein, und zugleich an visuelle Eindrücke des belastenden Ereignisses. Je länger wir diese Übung machen, desto mehr Bilder und Filme stellen sich vor unserem inneren Auge ein. Dieser Zuwachs an Bildern erhöht die Kreativität bei der Lösung unseres Problems. Wir haben nun selbst neue Ein- und Durchblicke erzeugt, die vielfältige Lösungsvarianten darstellen.

Wenn Sie zu denjenigen Menschen gehören, die in solchen Situationen gern destruktive, nörgelnde innere Monologe führen, können Sie mit dieser Methode Ihre eigene Stimme anders, z. B. kräftig und bestimmt, erleben und neue Antworten, nämlich kreative Antworten, auf Ihre Fragen hören.

In jedem Fall ändert sich bei dieser Übung ihre innere Stimmung, Ihre Atmung. Ihr Gefühl wird positiver. Das Stirn-Hinterkopf-Halten ermöglicht es Ihnen sozusagen, Streßerlebnisse im Licht der Erkenntnis von bewußt gedachten Alternativen zu sehen. Es handelt sich um eine beruhigende, zentrierende Technik, die viel bewirkt, weil sie buchstäblich Licht in unsere dunklen Bilder bringt.

Schwächende Glaubenssätze verändern

Um schwächende in stärkende Glaubenssätze zu verwandeln, können wir Änderungsmuster in sämtlichen Sinnesbereichen wählen, vor allem in den visuellen.

Gabriele K. fand sofort ihren einschränkenden Glaubenssatz, als sie an die Situation mit ihrem Sohn Stephan dachte – er hatte die Versetzung nicht geschafft: «Ich habe nicht genug aufgepaßt, das geschieht mir recht!» Wenn sie sich diesen Glaubenssatz innerlich anschaute, sah sie vor sich nur dunkle, verworrene Muster, die sich ohne Sinn durcheinanderzubewegen schienen. Von links hörte sie ihre Stimme, die nach der Konsequenz fragte.

«Ich kann schwierige Situationen oft gut meistern.» Als sie diesen Satz innerlich dachte, tauchte sofort eine Situation als Bild vor ihrem inneren Auge auf. Sie sah sich einen Streit unter Kollegen schlichten. Die Konturen des Bildes waren klar; die Farben waren hell, sehr viel Gelb. Sie konnte das Lächeln auf den Gesichtern ihrer Kolleginnen erkennen, die sich auf ihre Initiative hin geeinigt hatten. Ihre Stimme war bestimmt und freundlich. Die Stimmen ihrer Kolleginnen hörten sich sehr angenehm an.

Als Gabriele K. beide Bilder nebeneinanderstellte, konnte sie relativ mühelos das Streßbild mit ihrem Sohn Stephan in die gleichen Farben und Töne verwandeln wie das Bild mit dem bestärkenden Glauben. Sie machte das Streßbild heller, die Konturen klarer und veränderte die inneren Stimmen. Ihr Gefühl, die Situation bewältigen zu können, wurde stärker. Um sie noch mehr von der Streßszene zu lösen, machte sie aus dem negativen Bild einen Film, den sie mit normaler Geschwindigkeit bis zum Ende vorlaufen ließ und dann mit doppelter Geschwindigkeit wieder zurückspulte. Das erleichterte ihr Gefühl noch mal wesentlich. Aus diesem Film wählte sie erneut ein Bild aus, das aber jetzt völlig verändert war. Der Glaubenssatz, der ihr nun sofort einfiel, lautete: «Die Herausforderung ist größer denn je, und ich meistere sie!» An den ursprünglichen einschränkenden Glaubenssatz konnte sie sich nach dieser Bildveränderung nicht mehr erinnern, wohl aber an den positiven Glaubenssatz.

 Um Ihre eigenen Glaubenssätze kennenzulernen, können Sie es mit folgender Übung probieren:
Erinnern Sie sich an eine Situation, wo etwas schiefging und Sie das Gefühl der Hilflosigkeit, der Hoffnungslosigkeit oder gar der Wertlosigkeit hatten. Erleben Sie die Szene als Film, der sozusagen zu diesem Gefühl gehört; horchen Sie innerlich, wie Sie damals sprachen und welche Worte und Geräusche Sie ver-

nahmen. Wie schätzen Sie sich, wie schätzen Sie die Situation ein, wenn Sie sie mit allen Sinneskanälen wieder erleben? Welcher Satz paßt zu dieser Szene?

Sagen Sie diesen einschränkenden Satz mit voller Überzeugung und erleben Sie, welches Bild, welche Töne und Worte innerlich dazu passen. Dann schieben Sie das Erlebnis mit dem einschränkenden Glauben etwas zur Seite, zoomen Sie sozusagen diese Bilder etwas weiter weg.

Denken Sie jetzt an eine positive Situation, in der Sie sich uneingeschränkt gut, kompetent und flexibel gefühlt haben. Erfassen Sie die Situation mit allen Sinnesorganen, hören Sie, was es zu hören gibt, und registrieren Sie, wie es sich anfühlt, daß Sie so kompetent und flexibel sind. Stellen Sie fest, welcher positive Glaubenssatz zu dem Kompetenzbild gehört. In der Regel wird er im Präsens formuliert und mehrere Möglichkeiten eröffnen: Sie geben sich z. B. die Chance, etwas zu lernen, was genau es ist, muß noch nicht gleich festgelegt sein.

Stellen Sie beide Bilder nebeneinander und übertragen Sie dann sehr schnell die Eigenschaften des positiven Bildes auf das negative, so daß beide qualitativ gleich aussehen. Verändern Sie auch die Geräusche im negativen Bild, so daß sich beide Klangbilder gleichen.

Machen Sie aus dem veränderten negativen Bild einen Film, den Sie erst vorwärts in normaler Geschwindigkeit laufen lassen und dann rückwärts in doppelter Geschwindigkeit.

Versuchen Sie nun, das ursprüngliche negative Bild mit dem einschränkenden Glaubenssatz neu zu erleben. Es ist in der Regel jetzt schon verändert, und die ganze Situation hat sich verändert. Welcher neue Glaubenssatz paßt jetzt dazu? Ist es schon ein Glaubenssatz, der Sie stärkt und mit dem Sie die Situation neu planen können, um sie aufzulösen? Durchlaufen Sie die einzelnen Stufen des Prozesses so lange, bis Sie einen wirklich stärkenden Glaubenssatz gefunden haben, der zu der Situation, die schiefging, paßt.

Die Kirchturm-Übung

 Einschränkende Glaubenssätze gehören dahin, wo sie nichts mehr anrichten können: weit weg, am besten an die nächste Kirchturmspitze. Mit dieser Technik kam Max M. zum Ziel. Er wollte seine Wochenenden uneingeschränkt seiner Familie widmen, erhielt von seinem Chef aber oft Aufträge, die ihn zwangen, schon Sonntagsabends zu Geschäftsreisen aufzubrechen. Die dazu passende Übung habe ich von Christina Hurst-Prager und Urs Waller gelernt. Sie berücksichtigt, daß vielen Menschen die oben beschriebene Übung nicht ohne weiteres gelingt. Ein Zwischenschritt ist nötig.

Zunächst suchte Max M. einen Glaubenssatz über etwas, was ihm egal war. Ob er zuerst Milch in die Tas-

Die Kirchturm-Übung

se schüttete und dann den Kaffee oder umgekehrt, war ihm gleichgültig. Von diesem Erlebnis machte er sich ein Bild. Er sah die Kaffeetasse relativ deutlich und nah. Das Bild war nicht sehr groß und überwiegend in Grautönen gehalten.

Dann wählte er etwas, an das er ganz fest glaubt, z. B. daß jeden Morgen die Sonne aufgeht. Er sah eine dunkelrote Sonne, die über die dunklen Baumspitzen klettert und die Landschaft rosa färbt. Jetzt war er in der Lage, sich auf eine schiefgegangene Situation zu konzentrieren und sich zu fragen, welcher einschränkende Glaubenssatz dahinter stand. In einem Bild, das er innerlich kaum erkennen konnte, weil es so dunkel war, erlebte er wieder, wie betroffen er war, als sein Vorgesetzter ihm eine Veranstaltung auftrug, für die er bereits am Sonntagnachmittag anreisen mußte. Immer wieder traf es ihn, obwohl dadurch seine Familienharmonie massiv beeinträchtigt wurde. Wie er das seiner Frau mitteilen sollte, wußte er noch gar nicht. Als er an diese Szene dachte, sah er sich ganz klein vor seinem übergroßen Chef. Die Konturen waren unklar, die Bilder blieben nicht stehen, aber die drohenden Augen des Chefs stachen deutlich hervor.

Im nächsten Schritt stellte sich Max innerlich einen Kirchturm vor und schnalzte dieses negative Glaubensbild an die Kirchturmspitze, wo er es hängenließ. Er veränderte dieses negative Bild so, daß es die gleichen Bildeigenschaften wie das Milch-und-Kaffee-Bild hatte. Während er das nun etwas hellere und plastischere Chef-Bild ansah, ließ sein Streßgefühl deutlich nach. Er ließ es dann in das Bild des starken Glaubens zurückfedern. Als er es jetzt so sah wie das Sonnenaufgangs-Bild, hatte sein Ursprungsstreßbild schöne Farben. Auch sich selbst sah er in einer ganz anderen Größe. Das Streßbild löste die guten Gefühle des Sonnenaufgangs-Bilds aus und er fühlte sich befreiter. Jetzt konnte er neue Pläne machen, wie sich die Situation mit seinem Chef und seiner Familie neu regeln ließe.

So können Sie diese Methode für sich nutzen: Sie setzen sich bequem hin, aufrecht und doch entspannt, und verteilen Ihr Gewicht gleichmäßig. Ihre Füße stehen flach nebeneinander auf dem Boden. Sie atmen frei ein und aus.

Wählen Sie nun zwei Handlungen aus, die für Sie gleichwertig sind, und erkunden den dahinterstehenden Glaubenssatz. (Vielleicht ist es Ihnen z. B. egal, ob Sie abends Hagebuttentee oder Früchtetee trinken.)

Achten Sie vor allem auf die Bildqualitäten (Größe des Bildes, Farben, aber auch auf Tonhöhe, -melodie, -rhythmus) und auf Ihre Körperempfindungen.

Jetzt wählen Sie etwas aus, was für Sie selbstverständlich ist, an das Sie felsenfest glauben (z. B. daß jeden Morgen die Sonne aufgeht), machen sich davon ein Bild und merken sich alle Einzelheiten ebenso wie Ihre Körperempfindungen und, wenn Sie innerlich etwas hören, horchen Sie auf die Tonqualität, den Rhythmus etc.

Danach wählen Sie eine belastende Situation und sehen sie als Bild. Beachten Sie, wie sich diese Belastung auch auf Ihre Sprache und das, was Sie hören, auswirkt.

Dieses negative Bild befördern Sie nun an den nächsten Kirchturm, den Sie sich innerlich vorstellen können: einfach durch die Luft wirbeln, mit einem Gummiband rüberschießen, zoomen, was immer Sie am leichtesten können.

Nun lassen Sie das negative Bild in das mit den gleichwertigen Handlungen «zurückfliegen», so daß es dessen Farben und Grundformen annimmt. Auch eventuelle Töne verändern sich entsprechend. Spüren Sie, ob sich Ihr Gefühl verändert. Jetzt lassen Sie das veränderte negative Bild wieder an den Kirchturm zurückwandern und in das Kraftfeld mit dem Sonnenaufgang zurückprallen. Dabei nimmt es dessen Farben, Formen und Tonqualität an.

Versuchen Sie das ursprüngliche negative Bild wieder heraufzurufen. Wie fühlen Sie sich, wenn Sie das zweimal veränderte Glaubensbild der schiefgegangenen Situation ansehen: neutral oder sogar kompetent? Dann ist die Methode für Sie die richtige.

Die Sturmwind-Übung

«Das bringt mich um! Ich werde noch wahnsinnig! Ich verdiene es nicht besser!» Wenn etwas schiefgegangen ist und wir es uns zu Herzen nehmen und mit großem Streß reagieren, sind es häufig diese destruktiven Sätze, die wir unbewußt zu uns selbst sagen. Sehr häufig lassen uns die Sätze gar nicht mehr los, und auch die Möglichkeit, die Perspektive durch eine höhere Denkebene zu erweitern, hilft manchmal nicht weiter. Die Psychologin Cora Besser-Siegmund hat für Fälle, in denen etwas schiefging und destruktive Glaubenssätze Gedanken der Hilflosigkeit, Hoffnungslosigkeit oder Wertlosigkeit verstärkten, folgende Methode erfolgreich angewendet: Schreiben Sie Ihre Glaubenssätze innerlich auf und sehen Sie sich innerlich an, wie sie geschrieben sind.

Stephan R., der sich lange um eine Wohnung bemüht hatte und in allerletzter Minute doch noch eine Absage erhielt, war am Boden zerstört. Als Junggeselle hatte er es wahrhaftig nicht leicht, eine bezahlbare Wohnung in einer größeren Universitätsstadt zu finden.

Den Satz, den er immer wieder innerlich hörte und der ihn völlig deprimierte, war: «Ich schaffe es doch nicht!» Er sah den Satz vor sich, wie mit Kreide an eine Wandtafel geschrieben und in sehr unbeholfener Schrift. Ob es seine Schrift war, vermochte er nicht zu sagen. Daraus läßt sich schließen, daß er auf einen sehr frühen Mißerfolgsfilm zurückgriff. Plötzlich erinnerte er sich an viele Schulerlebnisse, in denen er sich sehr eingesetzt hatte und doch nicht zum Ziel gekommen war. Er erinnerte sich, daß er den Dialekt der Gegend, in die die Familie erst kurz zuvor gezogen war, nicht sprechen konnte, und er hatte damals schon das Gefühl, machen zu können, was er wollte: Er wurde von der Klasse nicht akzeptiert!

Die Stimme, die zu diesem Satz an der Tafel gehörte, war kläglich, versagend, und Bild wie Töne machten ihn sehr traurig, als er nur daran dachte. Etwas Erleichterung verschaffte es ihm, das innere Schriftbild etwas harmonischer und abgerundeter zu gestalten. Der Satz in dem nörgeligen Ton ging ihm allerdings nicht aus dem Sinn. Manchmal gelingt es in diesen Situationen, einfach wie bei einem Tonbandgerät, Radio oder Fernseher den Ton leiser zu stellen. Das veränderte Schriftbild und der angenehmere Ton riefen bei Stephan Erleichterung hervor. Sobald der Streß beendet ist, lassen sich neue Gedanken fassen, um die Probleme zu lösen. Das war bei Stephan noch nicht so, der Streßsatz kam immer wieder in sein Ohr.

Meeres-
rauschen Eine neu entdeckte Technik zeigt darüber hinaus, wie wir mit negativen Glaubenssätzen umgehen können, die sich weder über Bilder noch über Tonveränderung beeinflussen lassen. Jeder kennt das Gefühl, wenn ein starker Wind, ein Meeresrauschen es unmöglich machen, noch irgend etwas differenziert zu hören. Diese Erfahrung läßt sich nutzen:

Stephan R. hörte erneut seinen destruktiven Satz:

«Ich schaffe es doch nicht!» Er schaltete dann mental sehr starken Wind und Meeresrauschen ein, das diesen Satz innerlich einfach übertönte und unhörbar machte.

Als nächstes überlegte er sich einen positiven Satz, mit dem er sich bewußt machen konnte, daß er viele Rollen in seinem Leben sehr erfolgreich ausgefüllt hatte. Ein solcher Satz war: «Mach dir den Tag doch niemals schwerer; ist er nicht Freund, so ist er Lehrer!» Diesen Satz hatte er mal im Rahmen einer Ausbildung aufgeschnappt und nie vergessen. Er war genauso fest in seinem Unterbewußtsein verankert wie der destruktive Satz. Daher konnte er mit Hilfe seiner Sturmwind-und-Meeresrauschen-Technik beide Sätze einfach austauschen. Dazu stellte er sich vor, der Wind wehe so stark, daß der destruktive Satz weggeblasen wird; und je weiter er weggeweht wurde, desto stärker wurde der positive Satz hörbar. Nach mehrmaligem Windeinsatz konnte er sich an den alten destruktiven Satz nicht mehr erinnern: Immer deutlicher hörte er den neuen, starken Glaubenssatz.

Sie können diese Übung selbst probieren:
Wenn Ihnen etwas schiefgegangen ist, suchen Sie nach einem Satz, der Ihnen wirklich nachfühlbar sagt, daß Sie hilflos, hoffnungslos und vielleicht auch wertlos sind!
Sagen Sie diesen Satz innerlich und horen Sie, wie Sie ihn schon sehr oft in der Vergangenheit gesagt haben.

Suchen Sie dann einen aufbauenden Glaubenssatz, der Ihr Herz, Ihre Seele, Ihren Geist stärkt!

Jetzt erinnern Sie sich an das kräftigste Meeresrauschen, das Sie je gehört haben, an einen äußerst starken Wind, und stellen sich vor, daß der Wind Ihr Gesicht, Ihren Kopf und Ihren Körper umstreicht und laut durch Ihre Ohren weht. Wind und Meeresrauschen haben die Kraft, die destruktiven Glaubenssätze zu überspielen und zu löschen. Testen Sie immer wieder, ob Sie den Glaubenssatz noch in der alten Form hören können und ob er Ihnen genau solche Gefühle bereitet wie vorher! Ziel ist, sich diesen Satz neutral anhören zu können, um in der Lage zu sein, das jeweilige Problem wirklich zu lösen.

Jetzt stellen Sie wieder Wind und Meeresrauschen an und lassen Sie zu, daß Ihnen ein neuer Glaubenssatz übermittelt wird und vom Winde getrieben in Sie eindringt. Lassen Sie den Wind richtig heftig blasen, bis er den neuen positiven Glaubenssatz in jede Zelle Ihres Körpers trägt.

Stellen Sie fest, ob Sie noch den schwächenden Glaubenssatz hören, ob er in Ihnen noch irgendein negatives Gefühl auslöst.

Wählen Sie eine zukünftige Situation, in der es leicht passieren kann, daß Sie sich mit destruktiven inneren Sätzen schädigen. Hören Sie, wie Sie in der Situation sprechen und argumentieren werden und welche Stimmen Sie hören. Jetzt überlegen Sie, mit welchem Glaubenssatz Sie diese Situation positiv verändern können. Ist das der positive Glaubenssatz, der durch Wind und Meeresrauschen im Unterbewußtsein verankert wurde? Falls nötig, wählen Sie ein Symbol, das Sie immer bei sich tragen können, um sich daran zu erinnern, daß Ihr alter Glaubenssatz gegen einen neuen, aufbauenden ausgetauscht wurde.

Die Kino-Übung

Sie konnte die Szene einfach nicht vergessen: Die Bilder stehen immer noch so kraß vor meinem inneren Auge, ich kann gar nichts anderes denken. «Ich sehe das Gesicht meines Mannes, wie er sagt, jeder hätte doch wohl einen Seitensprung in der Ehe frei. Dieses überhebliche Lächeln, dieser kalte Blick, ich war wie versteinert!»
Hildegard S. versuchte die Technik des Stirn-Hinterkopf-Haltens, und ihre Vorstellungen lichteten sich etwas. Das Bild ihres Mannes verlor an Schrecken, aber es blieb. Das weist darauf hin, daß Bilder bei Hildegard S. starke Gefühle auslösen: «Wenn ich das nur sehe...», benutzte sie häufig, um zu beschreiben, daß sie sich bisher nicht von ihren Gefühlen der Enttäuschung und der Angst hatte lösen können.
In diesen Fällen hilft es, das Ereignis noch einmal innerlich ablaufen zu lassen, aber nicht mit den ursprünglichen Gefühlen, sondern mit denen eines Film-

vorführers. Ein Filmvorführer im Kino kümmert sich nur darum, daß die Helligkeit stimmt, daß der Vorhang rechtzeitig auf- und zugeht, und hört, ob der Ton klar ist und die Musik die richtige Lautstärke hat. Was im Film passiert, interessiert ihn nur am Rande. Sich mit dieser Einstellung eine sehr schwierige, belastende Situation anzusehen bringt Abstand von den Ereignissen: Man kann neue Gedanken fassen, die alte Situation neu bewerten – sachlicher, unabhängiger, weniger betroffen.

Wer sich als Persönlichkeit in seiner Rolle als Partner, Vater oder Mutter angegriffen fühlt und seine Aufgabe oder seinen Verantwortungsbereich grundsätzlich in Frage gestellt sieht, speziell dem hilft vielleicht die Filmvorführer-Einstellung, indem sie Bilder von Gefühlen trennt und damit die Situation dem Gehirn neu präsentiert. Der Effekt ist leicht nachzuvollziehen: Wer bei sehr spannenden Kriminalfilmen den Ton abdreht oder die Farbe herausnimmt, wird bemerken, daß die Spannung schlagartig sinkt. Er hat mehr Abstand gewonnen und kann die Szene von außen betrachten.

Unsere Gefühle als Betrachter können wir weiter ausblenden, wenn wir den Kriminalfilm außerdem noch rückwärts laufen lassen. Auf derartige Techniken führt der Regisseur Stephen Spielberg seinen Erfolg zurück: auf genaues Timing, Vertonung und Spezialeffekte, die die Reihenfolge der Bilder sowie ihr Auftauchen und Abblenden betreffen. Die moderne Film-

und Videotechnik macht uns vor, wie auch unser Gehirn Bilder und damit unsere Gefühle grundlegend verändern kann. Wenn äußere Begebenheiten und innere Gefühle wieder getrennt wahrnehmbar sind, dann läßt der Streß nach. Wir haben die Chance, mit unserer gesamten Kreativität und Denkfähigkeit kritische Situationen zurechtzurücken und neue Lösungen zu finden. Für Hildegard S. war dies genau die richtige Methode. Denn das Verhalten ihres Mannes Robert hatte ihr Selbstbewußtsein erschüttert. Ihre Rolle als Partnerin konnte sie so nicht weiterspielen. Sie mußte eine neue Rolle finden – aber welche?

Wenig sinnvoll war es, die ganze Erinnerung erneut aufleben zu lassen, als passierte alles gerade noch einmal. Die verletzten Gefühle waren in der gleichen Tiefe wieder da, und auch die Schmerzen kamen wieder. Daher bot es sich an, die Bilder von den inneren Gefühlen gleich zu trennen.

Hildegard S. begann mit dieser Übung, indem sie sich zuerst erinnerte, wann sie das letzte Mal ins Kino gegangen war und wie dieses Kino ausgesehen hatte. Sie versetzte sich noch mal in den Moment ihres letzten Kinobesuches zurück, den sie sehr genossen hatte, und setzte sich auf ihrem Stuhl so hin, als würde gleich der Vorhang aufgehen und auf der Leinwand der Vorspann des Films beginnen. Ganz wichtig war, daß sie sich zuerst als Kinobesucherin, nicht als Mitwirkende fühlte.

Sehr schnell konnte sie sich dann vorstellen, wo der

Filmvorführer seine Arbeit tat, und seine Position einnehmen: Vor ihr befanden sich nun in ihrer inneren Bildwelt die Filmrollen und der Projektor, die vielen Knöpfe, mit denen sie Film und Ton regulieren konnte. Sie konnte auch in den Zuschauerraum sehen und bemerkte, daß der Vorhang noch geschlossen war. Aufgelegt hatte sie ein Stück des letzten Films mit ihrem Partner, und sie gab diesem Film innerlich einen Namen: Neue Wege in der Partnerschaft! Sie öffnete den Vorhang, und ihr Film lief in Schwarzweiß vor ihrem inneren Auge ab. Allerdings hatte sie nur darauf zu achten, daß Helligkeit und Lautstärke stimmten und der Vorhang richtig aufgegangen war. Ihr gelang es sehr schnell, wie ein Filmvorführer nur die Filmqualität, nicht den Filminhalt zu beurteilen. Natürlich bekam sie nur noch am Rande mit, daß es ihr Film war!

Praktisch nebenbei konnte sie sich selbst noch einmal zusehen, wie sie mit Robert stritt und wie er plötzlich dieses Gesicht aufsetzte und ihr den Satz mit dem Seitensprung ins Gesicht schleuderte! Jetzt, während sie so dasaß mit dem Gefühl einer Filmvorführerin, litt sie schon, als sie sah, wie die Schauspielerin Hildegard S. unter den Worten ihres Partners Robert zusammenzuckte. Aber da war der Film auch schon zu Ende!

Sehr angenehm fand sie es, daß der Film schwarzweiß und die Musik sehr leise war. Als Filmvorführerin fragte sie sich sogar, ob der Ton für das Publikum nicht etwas lauter sein müßte. Sie versetzte sich wieder in die Lage der Kinobesucherin Hildegard S. und spielte den Film mit doppelter Geschwindigkeit zurück und dann ein weiteres Mal ab. Jetzt gelang es ihr, ihre eigene Rolle noch deutlicher und objektiver wahrzunehmen. Sie konnte plötzlich viele Zeichen, die ihr Robert gegeben hatte, im Film sehen und nahm sich vor, in Zukunft genauer hinzuhören und mitzufühlen. Ihre Gefühle der Ohnmacht wichen bei jedem Filmdurchlauf und vor allem bei dem doppelten Rücklauf einer immer größeren Gefaßtheit.

Wenn Sie diese Übung selbst einmal nachvollziehen wollen, sollten Sie folgende Reihenfolge beachten:

Es geht um eine Situation oder einen Vorgang, der Sie stark belastet. Bevor Sie sich daran erinnern, stellen Sie sich zuerst vor, Sie säßen mitten in einem Kino und warteten auf einen Schwarzweißfilm, der gleich anfangen wird.

Sie wählen den Titel des Films aus. Dieser Titel muß neutral sein, so daß Sie in Ihrem Unterbewußtsein die Möglichkeit schaffen, dem Film noch ein gutes Ende zu geben.

Der Film beginnt kurz vor einem problematischen Erlebnis.

Jetzt nehmen Sie Abstand und schauen sich selbst zu. **Film-zuschauer** Sie treten aus Ihrem Körper heraus und können sich von hinten betrachten, wie Sie den Film ansehen, in dem Sie gleich eine Rolle spielen.

In dieser Beobachterrolle schweben Sie nun hinaus –

71

in den Projektionsraum des Kinos. Von dort sehen Sie sich in drei Rollen gleichzeitig: als Vorführer, als Kinobesucher und als Schauspieler.

Nun lassen Sie den Vorhang aufgehen, und vor Ihrem inneren Auge erscheint der Vorspann mit Ihrem neutralen Titel; Sie lesen Ihren Namen als Hauptdarsteller. Der Film ist schwarzweiß und setzt ein, kurz bevor die Situation schiefging und bevor Sie sich sehr ärgerten, aufregten und schlechte Gefühle bekamen.

Sie beobachten den Film aus dem Projektorraum vom Anfang bis zum Ende mit den Gefühlen eines Filmvorführers. Sie sind nur dafür verantwortlich, daß der Vorhang richtig aufgeht, der Film die richtige Helligkeit und Lautstärke hat, daß er nicht reißt, zu schnell oder zu langsam läuft.

Machen Sie sich die Gefühle eines Filmvorführers ganz klar und betrachten Sie dann den Schwarzweißfilm. Auch wenn der Ursprungsfilm in Ihnen bunt ist, wählen Sie als Filmfarbe schwarzweiß.

Zeigen Sie ihn einmal in normaler Geschwindigkeit; bei starker Gefühlsreaktion vielleicht nur auf einer sehr kleinen Leinwand und sehr undeutlich, so daß man gerade noch ausmachen kann, um welche Situation es geht.

Lassen Sie nun den Film rückwärts laufen; allerdings so, als ob Sie den Film zurückspulen: Die Geschwindigkeit beim Rückwärtslaufen ist mindestens doppelt so hoch.

Jetzt lassen Sie den Film wieder vorwärts laufen. Prüfen Sie, ob die Reaktion noch genauso heftig ist wie beim ersten Mal. Notfalls lassen Sie ihn noch mal in doppelter oder dreifacher Geschwindigkeit rückwärts laufen. Wiederholen Sie das Ganze, bis Sie den Film in normaler Geschwindigkeit neutral betrachten können.

Je nach bevorzugtem Sinneskanal können andere Erlebnisqualitäten das Gefühl noch viel stärker neutralisieren als das Umkehren des Films. Unterlegen Sie ihn z. B. mit Zirkusmusik oder Operettenmelodien, so daß die Szene ihren Schrecken verliert!

Vom Wunsch
zum Ziel

 Sie haben sich mit der Situation ausgesöhnt! Was kommt jetzt? Wie werden Sie die Situation klären, und was werden Sie tun, wenn etwas Ähnliches wieder passiert? Der erste Schritt besteht darin, sich über die eigenen Wünsche klarzuwerden, denn Wünsche sind Vorboten von Fähigkeiten, und sie deuten auf stärkende Glaubenssätze. Was ich mir wünsche, das glaube ich auch ausführen, genießen und besitzen zu können. An der Art der Wünsche ist bereits abzulesen, daß sie bestimmte Bedingungen erfüllen müssen, damit sie überhaupt einen Sinn haben.

In den meisten Fällen, wo etwas wirklich schiefgeht und man aus der Bahn geworfen wird, wünscht man sich, daß alles nur ein Traum wäre! Daß man am nächsten Morgen aufwacht und alles wieder wie vorher ist. Hildegard S. wünschte sich, daß ihr Mann diesen Seitensprung nie gemacht hätte.

Wünsche mit dem Ziel, daß etwas ungeschehen geblieben wäre, was tatsächlich geschehen ist, verändern die Vergangenheit, nicht die Zukunft!

Welche Wünsche haben Sie in bezug auf die Lösung der jetzigen Situation und auf die Gestaltung ähnli-

74

cher zukünftiger Ereignisse? Wenn man sich gerade
mit einer Situation, die schiefgegangen ist, versöhnt
hat, fallen Antworten auf solche Fragen noch recht
schwer. Daher ist es zunächst wichtig, verschiedene
Gedankengänge auseinanderzuhalten:

Auf neuen Wegen zu neuen Lösungen kommt nur, wer
etwas kritisch betrachtet und mit der Realität unzu-
frieden ist. Unzufriedenheit ist daher eine Denkweise,
die überhaupt erst Veränderungswillen auslöst.

Ein ganz anderer Denkprozeß ist das Träumen: Was
wäre die schönste Lösung? Was ist überhaupt denk-
bar? Was würden andere tun, wenn es keine Be-
schränkungen gäbe?

Eine dritte Denkweise schließlich betrifft die Realisie
rung der Träume unter Beachtung der kritischen Be-
dingungen.

Menschen, die nur die Realität sehen, werden nie etwas wirklich Neues tun und sich immer von den Kosten der Realisierung neuer Pläne abschrecken lassen.
Menschen, die nur träumen, werden nie in die Realität
herabsteigen und ebenfalls nichts verändern. Menschen, die nur kritisieren, bleiben in ihren Problemen
stecken und sind immer wieder in der gleichen Weise
schlecht drauf, wenn etwas schiefgeht.

Wichtig ist, diese unterschiedlichen Möglichkeiten
erst einmal zu trennen, diese einzelnen Gedankengänge – Träumen, Realisieren und Kritisieren – unabhän-
gig voneinander zu Ende zu denken und dann erst die
einzelnen Denkergebnisse zusammenzuführen. Sehr

bewährt hat sich die Aufschreibmethode, die Anfang des 20. Jahrhunderts John Grossmann in die Arbeitstechniken eingeführt hat: Dazu schreiben Sie als erstes eine große Zielüberschrift auf und vielleicht auch noch den Zeitpunkt, wann Sie dieses Ziel erreichen wollen (siehe Grafik Seite 77).

Als nächstes füllen Sie die erste Spalte «Das darf nicht (mehr) passieren» aus, und notieren, was Sie nicht mehr erleben wollen oder was nicht passieren soll.

Danach wenden Sie sich der Spalte «Das soll passieren» zu: Was hätten Sie gern, wie sieht es aus, wie hört, wie fühlt es sich an? Schließlich widmen Sie Ihre Gedanken der Spalte «Das werde ich tun»; wann, wo, wie, mit welchen Mitteln wird was realisiert? Wer überwacht die Pläne?

Folgen wir Ingrid H., wie sie mit einem Handwerker, der sie beim Aufbau ihrer neuen Küche mehrfach versetzt hat, umgeht:

Ihr generelles Ziel: Ich möchte Ende dieser Woche meine Küche voll eingerichtet haben.

Vom Wunsch zum Ziel

Bis zum ... möchte ich das Ziel erreicht haben

Das darf nicht mehr passieren	Das soll passieren	Das werde ich tun
(Kritische Betrachtung)	(Träumen)	(Realisation)

Was nicht passieren soll:

- ich renne weiter hinter der Montage her, verschwende Zeit und Geld;
- ich erhalte falsche Termine;
- ich lasse mich auf nächste Woche vertrösten;
- ich erhalte inkompetenten Service;
- etc.

Ihre Wunschvorstellung:

- am Freitag dieser Woche steht die Küche, und ich habe sie schon abends eingeräumt;
- alle Maschinen laufen, alle Türen schließen, die Küche ist einfach richtig in Ordnung;
- der Monteur ist pünktlich und kommt nach vorheriger Absprache;
- er richtet zügig alles ein und testet es durch;
- ich überzeuge mich selbst, daß alles funktioniert, brauche aber nichts zu tun, nur dem Monteur die Tür zu öffnen. Alles andere organisiert der Küchenverkäufer.

Was wird sie selbst tun, um ihr Traumziel zu erreichen?

- genaue Termine machen;
- genaue Absprachen mit dem Küchenverkäufer treffen;
- genaue Absprachen mit den Monteuren treffen;
- bevor der Monteur nach Fertigstellung der Arbeit geht: testen, ob alles funktioniert;

- jemanden um Hilfe bitten, der die Arbeit überwachen kann und erkennt, was noch nicht läuft;
- Checkliste für die Funktionstests anfertigen. (Hier notiert sie noch, wann sie es tun und wie lange es dauern wird.)

Sie können die Grafik auf Seite 77 benutzen, um nach dieser Vorlage Ihre eigenen Pläne zu formulieren.

Das Ergebnis dieser Übung: eine Zielbestimmung auf der bewußten und unbewußten Ebene.

Nach dieser groben Übersicht geht es nun in die Detailplanung. Jede Einzelaktivität wird in ein Feinziel umgewandelt, das das Gehirn versteht.

Werner B., dem in der Probezeit gekündigt wurde, sagt sich zum Beispiel: Ich möchte meine Arbeit behalten (Zielinhalt). Ich möchte in der gleichen Firma weiterarbeiten; es muß aber nicht unbedingt die gleiche Position sein (Zielausmaß). Bis zum Wochenende möchte ich mit meinem Chef eine Einigung erzielt haben (Zielzeit/Zieldauer).

Ziele positiv formulieren

Ein Ziel muß immer positiv formuliert sein, denn nur dann hat auch das Unterbewußtsein eine Chance, es zu verstehen. Machen Sie einen kleinen Test: Stellen Sie sich nicht Ihr Traumauto vor! Um dieser Aufforderung folgen zu können, müssen Sie sich zuerst ganz kurz Ihr Traumauto vorstellen und damit gerade das tun, was Sie nicht tun sollen. Erst dann verschwindet das Autobild wieder. An dieser Tatsache, daß wir ein «nicht» innerlich nicht wahrnehmen können, setzt das positive Denken an: Prüfen Sie deshalb, ob Ihre Wünsche positiv formuliert sind.

Sie sind allein zuständig für Ihre Wünsche und Ziele. Ein Wunsch wie der von Hildegard S. – Er soll alles wiedergutmachen. Er darf nicht mehr fremdgehen. Er muß es mir auf den Knien schwören – überläßt die ganze Initiative dem Partner! Es muß aber darum gehen, was Sie selbst tun können, um von Ihrem Partner das Gewünschte zu bekommen.

Harmonie mit anderen Zielen: Wenn Sie eine Situation verändern, dann hat das Konsequenzen für Ihr ganzes Leben! Die Konsequenz braucht nicht umwerfend zu sein, aber sie kann im Lauf der Zeit einen höheren Stellenwert erhalten. Deshalb muß ein Ziel in Harmonie mit den bisherigen Lebenszielen stehen.

Dramatisch kann man eine Verletzung dieser Harmoniebedingungen erleben, wenn man an den Fall von Walter B. denkt. In einem Antistreßtraining wurde ihm klar, daß sein übliches lautstarkes Schimpfen, wenn sich irgendwo ein Fehler einschlich, nur seine Gesundheit beeinträchtigte. Er machte einen Kurs und war danach völlig cool in Situationen, in denen er sonst an die Decke gegangen war. Seine Familie aber geriet in Panik, weil sie sich nicht mehr zurechtfand. Seine Frau sagte:

«Früher war alles klar. Etwas ging schief, und unser Vater haute auf den Putz. Danach war die Luft gereinigt, und alles war wieder in Ordnung!» Da er sich so plötzlich und ohne Vorwarnung abgewöhnt hatte, auf den Putz zu hauen, war seiner Familie nicht mehr klar, was nun kommt und wann eine Situation ausgestanden ist.

Eine weitere Bedingung sorgt dafür, daß auch die unbewußten Kräfte angesprochen werden. Das Unterbewußtsein läßt sich am besten über alle Sinneskanäle gleichzeitig informieren, damit es das Ziel sowohl als Bild als auch als inneren Dialog und begeisterndes Gefühl mit sich herumtragen kann. Auf der unbewußten Ebene geht es darum, sich Zielbilder zu machen, die dazu passenden Worte und Sätze herauszufinden und das Ganze schon einmal im Vorlauf und in Farbe zu erleben. Sie planen Ihre Bilder für Ihre Galerie ganz allein und stellen sie so in den Rahmen, daß Sie immer feststellen können, was Sie in einer bestimmten Situation anfangen werden. Vielleicht haben Sie Lust, diesen Zielfilm oder die Zielbilder auch mit passender Musik zu unterlegen, was häufig die Wirkung noch intensiviert. So können Sie Ihrem Unterbewußtsein deutlich signalisieren: Das ist es. Das möchte ich erleben.

Betrachten wir noch einmal Ingrid H. und ihr Küchen-Problem.

Das positive Ziel lautet: Ich nehme die neue Küche voll funktionsfähig am Freitag abend in Betrieb.

Es ist aus eigenen Kräften erreichbar: Ich habe genug Fähigkeiten und Kompetenzen, um Hilfe zu bekom-

men. Notfalls wende ich mich an die Geschäftsleitung, um in dieser Woche einen zuverlässigen Monteur zu bekommen.

Ist es verträglich mit anderen Zielen? Gibt es negative Konsequenzen für meine zukünftigen Einkäufe in diesem Geschäft? Kann die Beschwerde beim Chef Rückwirkungen auf die Geschäftsbeziehung haben?

Welches sind die Zielbilder in der inneren Galerie? Ingrid H. erkennt ihre fertige Küche in leuchtenden, hellen Farben und sieht, wie sie sie einräumt und alles funktioniert. Sie hört, wie sie sich mit dem Monteur freut, daß alles technisch einwandfrei ist, und ihn lobt. Sie spürt ein angenehm warmes Gefühl in den Händen und im Bauch; ihre Schultern sind locker, wenn sie an dieses Ziel denkt. Der Kopf fühlt sich klar und leicht an, und der Atem geht tiefer. Ingrid H. bereitet innerlich schon in der neuen Küche ein Essen, schmeckt es ab und riecht auch, wie sich der Essensduft überall ausbreitet.

Die Zeitlinien-Übung

Sehr häufig gelingt die Versöhnung mit einer Situation. Was bleibt, ist das Gefühl: Das kann jederzeit wieder passieren.

Was geschieht im Gehirn, wenn wir in die Zukunft blicken? Es ist üblich, die Zeitrichtung von links unten nach rechts oben anzugeben. Das entspricht natürlich einer Gehirnstruktur, in der die Zeit chronologisch abläuft.

Vielleicht haben Sie Lust, das einmal auszuprobieren. Machen Sie eine kleine Handbewegung, um auszudrücken: «In fünf Jahren werde ich das Ziel X erreicht haben.» Jetzt machen Sie eine andere Handbewegung und sagen, indem sie es ehrlich erleben: «Vor fünf Jahren war ich noch der Überzeugung, daß...» Zeigen Sie in unterschiedliche Richtungen?

Meistens plazieren Rechtshänder zukünftige Ereignisse, die sie heute schon denken können, rechts von sich und die Vergangenheit links.

Wenn wir jetzt die verschiedenen Situationen, die wir uns heute schon vergegenwärtigen können, auf eine Linie stellen, so ähnelt diese einem Lebensweg oder einem Zeitpfad: Man spricht von einer Zeit- oder Lebenslinie (siehe Grafik, Seite 84, 85).

Interessant ist, daß die Zeitlinienforschung bisher ergeben hat, daß es zwei Grundtypen gibt und sehr viele Varianten, die alle unterschiedliche Ausprägungen der Persönlichkeit betreffen. Bei vielen verläuft die Zeitlinie gerade von links unten, aus der Vergangenheit kommend, nach rechts oben in die Zukunft. In anderen Fällen liegt die Zukunft direkt vor der Person, die Vergangenheit dahinter. Das sind die beiden Grundtypen. Bei manchen windet sich die Zeitlinie spiralförmig um den eigenen Körper, bei anderen beschreibt sie einen V-Winkel vor dem Körper.

Zeitlinie

Zukunft

Gegenwart ◯

Vergangenheit

Auf der Zeitlinie wandern.

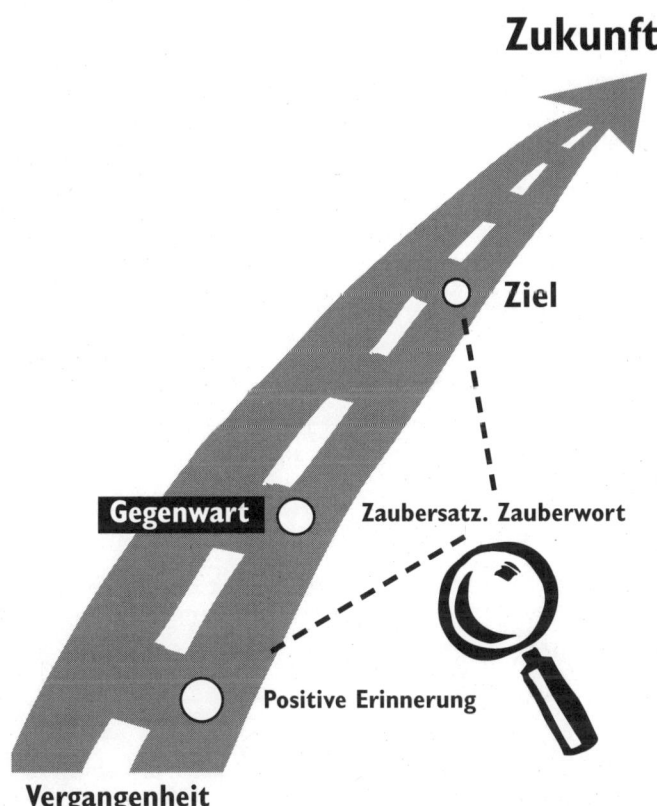

Auf Zeitlinien speichern wir Erfahrungen aus der Vergangenheit ebenso wie Vorstellungen oder Wünsche, die in die Zukunft weisen. Was man entdeckt hat, ist: Wer seine Zeitlinie entlangwandert, kann sich relativ schnell wieder in bestimmte Situationen zurückversetzen und auch aus ihnen lernen.

Folgende Übung kann Ihnen helfen, Ihre Zeitlinie etwas genauer kennenzulernen. Wählen Sie eine Situation, die heute, und eine Situation, die vor einem Jahr passiert ist. Die Inhalte der Situationen sollten fast identisch sein. Spüren Sie, welche Unterschiede Sie zwischen beiden machen. Vergleichen Sie z. B. eine Tätigkeit, die Sie immer wieder ausführen: das Zähneputzen etwa vor einem Jahr und heute morgen.
Zunächst werden Sie in Ihrer Erinnerung kramen müssen, um die vergangene Situation neu zu beleben. Dann werden Sie wahrscheinlich feststellen, daß Sie diese Situation tatsächlich sehr gut als Bild, vielleicht auch vom Geräusch und vom Gefühl her erinnern können. Welche Fähigkeiten liegen nun selbst in dieser einfachen Tätigkeit verborgen? Es können Dinge sein, die Ihnen sehr selbstverständlich erscheinen: auf regelmäßige Hygiene zu achten; gezieltes, selbstverständliches Ausführen einer bestimmten Tätigkeit, egal, ob Sie Lust dazu haben oder nicht etc. Schließlich kommen Sie zu der Feststellung, daß Sie diese Tätigkeit sicher auch morgen und noch in 10 Jahren ausüben werden.

Gehen Sie wie folgt vor, um Ihre persönliche Zeitlinie zu finden:

Bestimmen Sie räumlich zunächst mit einer Handbewegung, wo für Sie Zähneputzen vor einem Jahr, vor 10 Jahren und vor 20 Jahren liegt.

Denken Sie an das Erlebnis des Zähneputzens heute morgen. Es ist wahrscheinlich, daß Sie diese Handbewegung direkt vor Ihrem Körper ausführen, an der Stelle, wo Sie gerade sitzen oder stehen.

Finden Sie dann eine Handbewegung für Zähneputzen morgen, in einem Jahr und in 10 Jahren.

Lassen Sie vor Ihrem inneren Auge eine Linie entstehen, die alle Bilder der vergangenen und der zukünftigen Erlebnisse verbindet. Stellen Sie sich vor, daß Sie diese Linie – bildlich gesprochen – auf den Boden vor sich hinlegen können. Das könnte dann so aussehen, wie in der Grafik auf Seite 84. Viele Formen sind möglich: Wie immer Ihre Zeitlinie auch verlaufen mag, sie ist richtig so, wie Sie sie empfinden.

In der nächsten Übung können Sie ausprobieren, wie Sie mit Hilfe von vergangenen Erfahrungen und positiven Erlebnissen zukünftige Ereignisse in Ihrem Kopf so gestalten können, daß sie erfolgreich verlaufen.

Denken Sie an eine vergangene Situation, in der Ihnen etwas sehr gut gelungen ist, in der Sie aktiv und motiviert, kreativ und mit Freude etwas getan haben, wofür Sie sich heute noch auf die Schulter klopfen können. Vielleicht gibt es auch eine Erinnerung an ei-

nen typischen Satz, den Sie damals gesagt haben. Erinnern Sie sich auch an Ihre Empfindungen und kosten Sie die guten Gefühle noch einmal aus.

Überlegen Sie nun, wann diese Szene stattgefunden
hat, und legen Sie als Symbol einen kleinen Gegen-
stand auf Ihre persönliche Zeitlinie.

Stellen Sie sich nun auf den Punkt «heute, hier und
jetzt», schließen Sie vielleicht sogar die Augen und gehen Sie rückwärts zu dem eben markierten Zeitpunkt.
Erleben Sie jetzt diesen Moment noch einmal. Wie alt
sind Sie damals? Was sehen Sie, hören Sie und fühlen
Sie in der damaligen Situation? Riechen oder
schmecken Sie etwas, was den Moment positiv unter-
streicht?

Zauberwort Nehmen Sie sich etwas Zeit und überlegen Sie nun,
was Sie damals gelernt haben, welche gute Energie
und welche Fähigkeiten Ihnen geholfen haben, diese
Situation so positiv zu beleben. Denken Sie auch an
Ihre Einstellungen und Überzeugungen, die Sie so reagieren ließen. Vielleicht haben Sie Lust, diese Erkenntnis mit einem Zauberwort oder Zaubersatz innerlich zu beschreiben, z.B.: «Toll, daß ich so viele
Fähigkeiten habe! Das werde ich noch mal versuchen,
das wird wieder klappen!»

Gehen Sie nun mit all den guten Gefühlen und Ihrem
Zauberwort/-satz, bis Sie auf der Linie wieder ins
Hier und Jetzt zurückkommen.

Überlegen Sie, wozu Sie heute und in der nahen Zukunft genau diese «Zauberfähigkeit» gebrauchen

können, und legen Sie ein weiteres Symbol auf den Zukunftspunkt.

Schließen Sie wieder die Augen, wenn Sie möchten, und gehen Sie jetzt den ersten Schritt in Ihre Zukunft. Denken und spüren Sie dabei sehr genau, was körperlich und gefühlsmäßig geschieht. Gehen Sie, so weit Sie mögen, und beobachten Sie, wo immer Sie stehenbleiben, Ihre inneren Bilder; erleben Sie sich mit allen Sinnen und Ihrem Zauberwort/-satz in dieser zukünftigen Situation. Prüfen Sie, was Ihnen guttut, um diesen Moment erfolgreich zu meistern.

Öffnen Sie nun Ihre Augen und achten Sie darauf, was Ihnen spontan einfällt, was Sie noch tun müssen, um erfolgreich zu sein!

Wenn Sie sich innerlich diese Frage beantwortet haben, treten Sie seitlich aus Ihrer Zeitlinie heraus und lassen den Prozeß auf sich wirken. Was haben Sie sich vorgenommen? Lassen Sie sich überraschen, welche guten Einfälle Sie jetzt bekommen werden. Vielleicht heben Sie Ihre beiden Symbole ein Weilchen als Erinnerung an Ihre guten Gefühle auf (siehe Grafik Seite 84).

Die Schwellen-Übung

14 Jahre brauchte Tina Turner, um sich von ihrem Mann zu trennen, der sie vermutlich nicht nur ausnutzte, sondern auch mißhandelte und mißbrauchte. Manche Menschen machen immer wieder denselben Fehler: Sie können sich von Partnern, die ihren Vorstellungen, ihren Glaubens- und Überzeugungsprinzipien nicht entsprechen, nicht lösen und leiden. Oder sie harren am Arbeitsplatz aus, obwohl es sinnvoller wäre, sich eine Beschäftigung zu suchen, die den eigenen Wünschen und Interessen mehr entspricht.

Warum kleben manche Menschen so an ihrem Schicksal, während andere sehr schnell sagen können: «Bis hierher und nicht weiter – jetzt reicht's, das war's.»

Wir reden vom letzten Tropfen, der das Faß zum Überlaufen bringt. Bis ein Mensch über die Schwelle geht und Abschied nimmt von Erlebnissen und Situationen, die ihm nicht guttun, lassen sich in der Regel folgende Phasen unterscheiden:

In der ersten Phase geht es zunächst darum, die Schwelle zu erreichen. Typischerweise werden negative Erfahrungen gesammelt und gestapelt, bis eine kritische Masse erreicht ist. Die Bilder sehen alle ähnlich aus – es wird sehr viel vom gleichen angehäuft.

In der zweiten Phase kommt es zur bewußten Änderung. Die Schwelle wird überschritten. Meistens erfolgt ein innerer Wechsel, so daß z. B. eine Stimme sagt: Nein! Irgend etwas zerreißt, oder es wird dunkel. Besonders dramatisch vollzieht sich diese Schwellenüberschreitung, wenn die Ereignisse der Vergangenheit in die Zukunft hineinprojiziert werden mit der Überlegung, das Leben könnte ja immer so weitergehen bis zum Tod.

Mit der folgenden Übung sollte es Ihnen gelingen, Situationen loszulassen, von denen Sie nichts mehr lernen.

Situationen loslassen

Strategie des Zauderns: Erinnern Sie sich an eine vergangene Situation, in der Sie an den Punkt kamen, «Niemals wieder!» zu sagen, aber dann doch noch einmal umgefallen sind. Warum haben Sie die Schwelle damals noch nicht überschritten?

Suchen Sie in allen Sinneskanälen; beobachten Sie, wie sich Erinnerungen der gleichen Art häufen.

Strategie des «Niemals wieder!»: Erinnern Sie sich an eine Situation, in der Sie diesen Punkt überschritten haben und es kein Zurück mehr gab. Was passierte innerlich, damit die Schwelle überschritten wurde? Untersuchen Sie wieder alle Sinneseindrücke.

Vorstellung der neuen Zukunft: Was folgte auf «Niemals wieder»? Welche Bilder entstanden in bezug auf die zukünftigen Möglichkeiten? Beschreiben Sie Ihre inneren Bilder in allen Einzelheiten.

Denken Sie nun an eine Situation, in der Sie über die Schwelle gehen möchten und «Niemals wieder» genau das ist, worin Sie die Lösung sehen.

Harmonie mit Ihren übrigen Zielen: Prüfen Sie sehr genau, ob es Einwände dagegen gibt, das Problem auf diese Art zu lösen. Machen Sie sich eine Vorstellung davon, wie Sie die Zukunft meistern, wenn Sie über die Schwelle gegangen sind, und ob sich das Leben hinter dieser Schwelle verbessert.

Stellen Sie sicher, daß es keine Einwände gegen den Veränderungsprozeß gibt und eine positive Zielvorstellung vorhanden ist, bevor der Veränderungsprozeß beginnt.

Überschreiten der Schwelle: Durchlaufen Sie den ganzen Prozeß nach den Stadien des eigenen Schwellenmusters.

Wenn Sie die in diesem Buch vorgestellten Übungen nachvollziehen, sollten Sie schrittweise vorgehen:

- Stellen Sie fest, auf welcher Denkebene Ihr Glaube verletzt ist. Um den ganzen Schmerz der Verletzung so zu reduzieren, daß Sie aus den Problemen wieder lernen können, wählen Sie aus den verschiedenen Bild- oder Tontechniken die am besten zu Ihnen passende aus.

- Wenn Sie aus dem Mißerfolg genug gelernt haben, wechseln Sie bewußt von schwächenden Glaubenssätzen zu stärkenden. Die Zielbildung ermöglicht es Ihnen, neue Träume auszudenken, sie gedanklich bereits in die Realität umzusetzen und die Realisierung kritisch zu hinterfragen.

- Um die Fähigkeiten zu finden, mit denen Sie zukünftige Ereignisse in Chancen verwandeln können, nutzen Sie das Instrument der Zeitlinie.

Denken Sie daran: Es sind nicht nur die treffsicheren Entscheidungen, mit denen schwierige Probleme zu einer guten und kreativen Lösung geführt werden. Nur wenn man gut drauf ist, gelingt es, sich eine neue attraktive Zukunft mit positiven Glaubenssätzen auszudenken.

Gut drauf sein, wenn's schiefgeht, ist eine wichtige Voraussetzung, Schicksalsschläge aktiv zu bewältigen, aus ihnen zu lernen und gesund zu bleiben.

Tips zum Weiterlesen

Andreas, Connirae; Andreas, Steve: Gewußt wie – Arbeiten mit Submodalitäten und weiteren NLP-Interventionen nach Maß. Paderborn, 1993.
Überzeugungen und Glaubenssätze lassen sich mit herkömmlichen Methoden, vor allen Dingen mit willentlichen Anstrengungen, bisher kaum beeinflussen. Vertiefende NLP-Techniken stellen die Autoren anhand von vielen Beispielen in einem Seminarmitschnitt vor.
Ein nicht ganz einfaches Buch für Fortgeschrittene.

Andreas, Connirae; Andreas, Steve: Mit Herz und Verstand – NLP für alle Fälle. Paderborn, 1992.
Alltägliche Themen und Probleme stehen im Mittelpunkt: lästige Angewohnheiten, Scham, Schuld, Trauer, das Drücken vor Entscheidungen, Lampenfieber, mangelndes Selbstwertgefühl!
Anhand vieler Therapie- Beispiele zeigen die Autoren die Wirkung und Formen von NLP - Techniken.

*Bandler, Richard; Grinder, John: Reframing. Ein öko-
logischer Ansatz in der Psychotherapie. Paderborn,
1990.*
Das Umdeuten, das Umdenken von Problemen nann-
ten die NLP-Erfinder Reframing. Wer mehr darüber
wissen möchte, auch über den Ansatz des NLP in der
Therapie, der findet in diesem nicht ganz einfachen
Buch viele Übungen und Beispiele.

*Dilts, Robert: Identität, Glaubenssysteme und Ge-
sundheit – NLP-Veränderungsarbeit. Paderborn,
1993.*
Gesundheit hängt mit dem Glauben an die Genesung
zusammen. Dilts, dessen Mutter schwer krank war,
hat sich intensiv mit dem Thema Gesundheit und Hei-
lung befaßt. Sein Buch enthält bewegende Therapie-
darstellungen mit Krebskranken, Allergikern und
Übergewichtigen.

*Dilts, Robert: Die Veränderung von Glaubenssyste-
men. Paderborn, 1993.*
Wie man Überzeugungen gewinnen kann, um neue
Wege zu gehen oder alte Lebensentscheidungen loszu-
lassen, dafür hat Dilts, ein Schüler von Bandler und
Grinder, NLP-Techniken entwickelt. Die Kenntnis der
gängigen NLP-Modelle erleichtert das Lesen und das
Verständnis.

Dank

Dank schulde ich allen, die am Zustandekommen dieses Buches beteiligt waren. Maryann und Ed Reese, Richard Bandler, John Grinder und Robert B. Dilts verdanke ich das Wissen und die Fähigkeit, gut drauf zu sein, wenn's wirklich schiefgeht. Kritische Tips und Anwendungsbeispiele verdanke ich vielen Seminarteilnehmern und vor allen Dingen Ingrid Hirsch, Ulla Vogeley und Stefan Carstens. Immer gut drauf bei der Erstellung und Überarbeitung des Manuskripts waren Georg Schober, Ralf Thummerer und Robert Klimke. Vielen Dank!